シリーズ 戦争学入門

外交史入門

JN014880

ジョセフ・M・シラキューサ 著
一政祐行 訳

創元社

Joseph M. Siracusa, *Diplomatic History*

Diplomatic History was originally published in English in 2021. This translation is published by arrangement with Oxford University Press. Sogensha, Inc. is solely responsible for this translation from the original work and Oxford University Press shall have no liability for any errors, omissions or inaccuracies or ambiguities in such translation or for any losses caused by reliance thereon.

シリーズ「戦争学入門」序言

好むと好まざるとにかかわらず、戦争は常に人類の歴史と共にあった。だが、日本では戦争について正面から研究されることは少なかったように思われる。とりわけ第二次世界大戦（太平洋戦争）での敗戦を契機として、戦争をめぐるあらゆる問題がいわばタブー視されてきた。

そうしたなか、監修者を含めてシリーズ「戦争学入門」に参画した研究者は、日本に真の意味での戦争学を構築したいと望んでいる。もちろん戦争学とは、単に戦闘の歴史、戦術、作戦、戦略、兵器などについての研究に留まるものではない。戦争が人類の営む大きな社会的な事象の一つであるからには、おのずと戦争学とは社会全般の考察、さらには人間そのものへの考察にならざるを得ない。

本シリーズは、そもそも戦争とは何か、いつから始まったのか、なぜ起きるのか、そして平和とは一体何を意味するのか、といった根源的な問題を多角的に考察することを目的としている。確認するが、戦争は人類が営む大きな社会的な事象である。そうであれば、社会の変化と戦争の様相には密接な関係性が認められるはずである。

「軍事学」でも「防衛学」でも「安全保障学」でもなく、あえて「戦争学」といった言葉を用いるのも、戦争と社会全般の関係性をめぐる学問領域の構築を目指しているからである。

具体的には、戦争と社会、戦争と人々の生活、戦争と法、戦争をめぐる思想あるいは哲学、戦争と倫理、戦争と宗教、戦争と技術、戦争と経済、戦争と文化、戦争と芸術といった領域を、理論――「横軸」――と歴史あるいは実践――「縦軸」――を文字通り縦横に駆使した、学術的かつ学際的なものが戦争学である。当然、そこには生物学や人類学、そして心理学に代表される人間そのものに向き合う学問領域も含まれる。

戦争と社会が密接に関係しているのであれば、あらゆる社会にはその社会に固有の戦争の様相、さらには、あらゆる時代にはその時代に固有の戦争の様相が現れる。そのため、二一世紀には二一世紀の社会に固有の戦争の様相、さらには戦争と平和の関係性が存在するはずである。問題は、戦争がいかなる様相を呈するかを見極めること、そして、可能であればこれを極力抑制する方策を考えることである。その意味で本シリーズには、「記述的」であると同時に「処方的」な内容のものも含まれるであろう。

また、本シリーズの目的には、戦争学を確立する過程で、平和学と知的交流を強力に推進することがある。

戦争学は、紛争の予防やその平和的解決、軍縮および軍備管理、国連に代表される国際組織によるさまざまな平和協力・人道支援活動、そして平和思想および反戦思想などもその対象とする。実は戦争学の射程は、平和学と多くの関心事項を共有しているのである。

よく考えてみれば、平和を「常態」とし、戦争を「逸脱」と捉える見方は誤りなのであろう。なるほど戦争は負の側面を多く含む事象であるものの、決して平和の影のような存在ではない。その意味において、戦争を軽視することは平和の軽視に繋がるのである。だからこそ、古代ローマの金言に「平和を欲すれば、戦争に備えよ」といったものが出てきたのであろう。

戦争をめぐる問題を多角的に探究するためには、平和学との積極的な交流が不可欠となる。戦争を研究しようと平和を研究しようと、双方とも学際的な分析手法が求められる。また、どちらも優れて政策志向的な学問領域である。戦争学と平和学の相互交流によって生まれる相乗効果が、世界が複雑化し混迷化しつつある今日ほど求められる時代はないであろう。

繰り返すが、「平和を欲すれば、戦争に備えよ」と言われる。だが、本シリーズは「平和を欲すれば、戦争を研究せよ」との確信から生まれてきたものである。なぜなら、戦争は恐ろしいものであるが、簡単には根絶できそうになく、当面はこれを「囲い込み」、「飼い慣らす」以外に方策が見当たらないからである。

シリーズ「戦争学入門」によって、長年にわたって人類を悩ませ続けてきた戦争について、その理解の一助になればと考えている。もちろん、日本において「総合芸術（Gesamtkunstwerk）」としての戦争学が、確固とした市民権を得ることを密かに期待しながら。

第二期は、日本国内の新進気鋭の研究者に戦争や平和をめぐる問題について執筆をお願いした。執筆者はみな、それぞれの政治的立場を超え、日本における戦争学の発展のために尽力して下さったため、非常に読み応えのある内容となっている。

第三期は、第一期と同様、優れた英語文献の翻訳である。テーマの重要性はもとより、翻訳担当者もそれぞれの専門家に担当していただくため、やはり読み応えのあるシリーズになっていると思う。

シリーズ監修者　石津朋之
（防衛省防衛研究所戦史研究センター主任研究官）

はしがき

外交の歴史は非常に長い。イギリスの歴史家デビッド・レイノルズは、その起源を少なくとも青銅器時代にまで遡《さかのぼ》るとしている。紀元前八世紀半ばのユーフラテス王国や、その四世紀後のアクエンアテンのエジプトの文書からは、平和と戦争の問題に促されて、各地を飛び回る使節の世界が明らかになっている。それは今日の基準から見れば原始的なものであり、ルールはほとんどなく、距離も途方もないものであったが、外交のかたちとしては認められていた。それ以来、外交は大きく進化し、人によって、時代によって、さまざまな意味を持つようになった。その範囲は、エレガントなもの（「人間のある集団と、自分たちとは異質の別の集団とのあいだで行われる、秩序立った関係性の実行」、ハロルド・ニコルソン）から、不謹慎なもの（「岩を見つけるまで『わんわん』と吠え続ける技術」、ウィン・カトリン）までさまざまである。どのような定義であれ、外交史の経過と結果が世界を何度も形作り、変えてきたことを疑う人はほとんどいないであろう。

本書の目的は、一般読者に外交史のテーマと研究を紹介することである。外交史とは、広義には「交渉のプロセスによって国民国家間の関係を管理する学問」と定義されるが、それに限定されるものではない。本書は、歴史上の重要な事例から引用された例に基づいて、外交の実践を説明することを目的としており、それは同時に、歴史上の重要な節目における方法の変化を明らかにしながら、人々を惹きつけ、教訓を与えるはずである。私は読者に外交の歴史を教えようとしているのではなく、重要な歴史的瞬間に外交の実践がどのように変化するのかを感じ取ってもらいたいのである。もちろん、外交には独自の歴史があり、制度は変化し、新しい資源が時とともに利用可能になる。しかし、ここでは歴史的なケーススタディを用いて、状況によって外交官の実践に求められるものが大きく異なることを明らかにしたいと思う。また、巧みな外交だけでなく、傲慢《ごうまん》、軽率、過剰な警戒心などが国家の運命に重要な影響を与えることもあることを感じていただきたいと思う。言い換えれば、ここで選んだ事例は、外交が国家運営の重要な要素であり、巧みな外交なしには政治的成功は望めないということを示すものである。

　このような観点から、現代の外交の進化を簡単に見てみよう。〔まず第1章から〕外交官とその仕事に焦点を当て、外交官が直面する問題、外交官が用いる戦略、条約締結の技術にとくに注意を払いながら、歴史的な文脈のなかで以下の事例を見ていくことにする。〔第2章では〕一七七〇年代に大英帝国の運命的な崩壊の前兆となったアメリカ独立戦争、〔第3章では〕五つの帝国（オーストリア・ハンガリー帝国、ドイツ、イタリア、日本、オスマン帝国）と若者の一世代を奪ってしまった第一次世界大戦と、その余波であるヴェルサイユ宮殿の外交的起源、〔第4章では〕冷戦の到来を予感させるスターリンとチャーチルのヨーロッパ分割の夜の個人的な思惑、〔第5章では〕アメリカ外交の軍事化の勝利と、終わりなき戦争の時代を象徴しているジョージ・W・ブッシュとイラク戦争、そして最後に［第6章で］アメリカの世界的撤退と大国間競争の再燃を背景に、外交の遂行に新たな道を開き、新たな参加を容易にしたグローバル化時代の外交へと至る。

外交の各時代に代表されるさまざまな政府システムや、とくに現代の首脳会談にとって非常に重要な意味を持つ通信革命などの明らかな違いを考慮したうえで、これらのケーススタディに共通しているのは、交渉の普遍的な役割である。これ以降の章では、交渉人たる外交官は、常に自分の基本的な立場が正当化するよりもいくらか良く、いずれにしても自分の基本的立場が要求するところよりも悪くはならない合意、あるいは協定を達成することを目指している。これは国民国家間の関係でも、組織や個人間の関係でも同じである。もちろんすべての者が成功したわけではなく、ある者はほかの者よりも成功を収めた。その一方で、それぞれが自分の支持者を確保すると同時に、相手が自分の支持者を支配していることを等しく確認する必要があった。こうしたなかでも、アメリカ独立革命期の植民地外交官たちは高く評価される。彼らはリアリズムに基づき、道徳観を排除しパワーの観点から考え、行動しなければならなかった。実際には策を練る余地はほとんどなく、失敗への恐怖が常に付きまとっていた。ベンジャミン・フランクリンが、「植民地は一つにまとまるか、一つずつになるかのどちらかだ」との時宜を得た警告をしたことが、結果的にヨーロッパの苦境をうまく利用した革命期の外交官たちが達成した素晴らしい成果につながった。フィラデルフィアからパリに手紙を送るのに一ヵ月以上かかるような時代に、これをやってのけたのである！

そして、この本に掲載されているほかの外交エピソードと同様に、アメリカ独立革命の歴史的な影響は甚大なものであった。ほかの例では、一七七〇年代に起こった大英帝国の凋落《ちょうらく》は、近代史における決定的な出来事の一つである。もし当時のイギリスの政治家が次の世紀で得られる知見を有していたならば、英米あるいは米英連邦は、帝政ドイツ、ナチス・ドイツ、共産主義ロシアを恐れることもなく、世界を平和的発展の道へと導いていたかもしれない。このような、もしかしたら起こったかもしれない、というのは仮想の歴史であり、限りなく魅力的な憶測の対象である。同様に、二〇世紀に向けてのビスマルクの古典的外交による最高の国家運営も、戦争の奈落の底へと漂流するのを避けることはできなかった。その結果、歴史家のアーノルド・トインビーが適切に書いているとおり、西洋文明は、古代ギリシャの都市国家を悩ませた自滅的な怒りに匹敵する「悩みの時」に入ろうとしていたのである。また、外交史家の帽子をかぶったヘンリー・キッシンジャーの言葉を借りれば、「第一次世界大戦には何一つ意味がない。第一次世界大戦は計画どおりには進まなかったのだから、平和を希求したところで、各国がこの大惨事にかけた期待と同じく、無駄に終わることは避けられなかった」のである。ヴェルサイユの外交官たちはその努力にもかかわらず、自分たちがやろうとしていたこととは正反対のことを成し遂げ、無情にもより悲惨な次の世界大戦の基礎を築いてしまったのである。この意味で、外交の物語は意図しない結果の長い歴史のなかで、警告の物語としても読めるのである。

謝辞を述べるとすれば、私の当初のアプローチとは異なる外交史というテーマを提示してくれたラサ・メノンに感謝したい。VSIシリーズの『外交』(二〇一〇年)とは異なるが、本書『外交史』はこの主題の上に成り立っている。また、ジェニー・ヌージーの熱意とプロフェッショナリズムに感謝したい。また、外部の査読者の方々から思慮深い報告や建設的な提案をいただいたことも感謝しないわけにはいかない。私の意見に対してあまり賛同していただけなかった方々も、私に多くの考える材料を与えてくださった。私の知的な債務が厖大かつ歴然たることは、以降の本文と巻末の参考文献・資料を読んでいただければ、お分かりになることと思う。言うまでもないことであるが──しかし、いずれにせよこれを言うことになるのだが──以降の文章の責任は私一人にある。

ジョセフ・M・シラキューサ教授　メルボルンにて

目次

第3章 第一次世界大戦とヴェルサイユの外交的起源 ……56

第6章　グローバル化時代の外交……163

装丁　濱崎実幸

図版出典

図1　リシュリュー枢機卿（23頁）
By Philippe de Champaigne—GalleriX, Public Domain (https://commons.wikimedia.org/w/index.php?curid=72691622)

図2　ベンジャミン・フランクリン（36頁）
Portrait Gallery of Eminent Men andWomen, 1873 (https://archive.org/stream/portraitgalleryo01duycrich#page/n227/mode/1up)

図3　パリ条約に基づくアメリカ合衆国の境界線の地図（51頁）

図4　塹壕戦の様子（ジョン・ナッシュ「オッピーウッド」1917年）（59頁）
Photo by John Nash / Imperial WarMuseums via Getty Images

図5　オットー・フォン・ビスマルク公（62頁）
Classic Image / Alamy Stock Photo

図6　ヴェルサイユの四人組（1919年）（79頁）
Classic Image / Alamy Stock Photo

図7　ジョン・メイナード・ケインズ（81頁）
Pictorial Press Ltd / AlamyStock Photo

図8　テヘランでの三巨頭（1943年）（87頁）
CPA Media Pte Ltd / AlamyStock Photo

図9　コフィー・アナン国際連合事務総長（129頁）
Photo by Stephen Chernin/Getty Images

図10　アメリカのコリン・パウエル国務長官（142頁）
Michael Kleinfeld / AlamyStock Photo

図11　イギリスのトニー・ブレア首相（153頁）
Bruce Adams/Daily Mail/Shutterstock

図12　ジョージ・W・ブッシュ大統領（160頁）
Greg Mathieson/Shutterstock

図13　サダム・フセイン（161頁）
Anonymous/AP/Shutterstock

図14　パリ協定でのバラク・オバマ大統領（168頁）
Photo by Pascal Le Segretain/
Getty Images

図15　ドナルド・トランプ大統領と金正恩委員長（176頁）
Shealah Craighead/Planet Pix via
ZUMA Wire/Shutterstock

シリーズ　戦争学入門

外交史入門

第1章　外交の進化

伝統的な外交の最も重要な課題は、平和な状態から戦争状態への移行、あるいはその逆、つまり紛争と平和構築の接点を扱うことであった。これは過去も現在も外交活動の中心的な側面であるが、今日ではその重要な側面の一つに過ぎない、ということにも留意しなければならない。外交は、国家や政府の外交をはるかに超えたものとなっている。一九六一年の外交関係に関するウィーン条約に基づく法的な手続きでは、国家による外交しか認められていないのは事実だが、現場では多国籍企業（TNC）の活動から世界貿易機関を中心とした政府間組織（IGO）による介入まで、グローバル経済システムによる外交を無視することは不可能である。そして、これらの組織は、伝統的な外交システムの内外で活動する外交網を持っている。これと同じことは、もう一つの広大な外交活動の分野である市民社会組織による外交にも言える。さらに破綻国家、国際テロリズム、新型コロナウィルス（COVID-19）のパンデミックの物語は、国家と非政府組織（NGO）、NGOとIG

O、そしてNGO自身の間での緊急のコミュニケーションを行う、根本的に新しいグローバルな世界を生み出している。これらの進展は、第6章で取り扱う。

1　外交の進化

「外交」という言葉の起源は、古代ギリシャにまで遡《さかのぼ》ることができる。古典ギリシャでは、外交官を「老人」という言葉で表現していたが、のちにフランス語で交渉人の仕事を指す言葉（*diplomatie*）として使われるようになった。外交の歴史は、文字どおり何千年も前に遡る。現存する最古の外交記録は、現在のイラン北部で発見された紀元前二五〇〇年頃の石板に刻まれた手紙で、遠く離れた王国のあいだを約一九〇〇キロメートル近く往復した使者が携えていたものとされている。戦争を防ぐため、敵対的な行為を止めるため、条約を締結するため、あるいは平和的関係を継続して貿易を進めるためなど、さまざまな理由で主権者は他国の主権者に使者を送ってきた。近代の外交は、一六四八年のウェストファリア条約によって三〇年戦争が終結したことに始まる。この和約によって国家の独立をはじめ、信教の自由や宗教的寛容の概念が確立された。一六二六年にはフランスのリシュリュー枢機卿《すうききょう》が最初の外務省を設置し（図1参照）、国民国家を基盤とし、国益を目的とした古典的な国際関係のアプローチを導入した。一八世紀にはイギリスが力の均衡（バランス・オブ・パワー）を重視した外交を展開した。一九世紀にはメッテルニヒのオーストリアが、ヨーロッパの力の均衡と領土の保全を維持するという大国間でのコンセンサス、いわゆる「ヨーロッパ協調」の再

図1　リシュリュー枢機卿

構築へと外交力を発揮したが、ビスマルクのドイツによって解体され、キッシンジャーの言葉を借りれば、ヨーロッパ外交は「冷酷な力の政治（パワー・ポリティクス）のゲーム」へと変容したのであった。

神授王権が立憲君主制や共和制に変わると、ヨーロッパ各地で大使館や公使館が制度化され、二〇世紀初頭には、ヨーロッパ式外交が国際社会全体で採用されるようになった。それは、本格的な外交システムであった。大国はほかの大国に大使館を持ち、小国には公使館を持っていた。大使館には大使が、公使館には公使が駐在していた。外交団に大使館や公使館の地位が与えられるかどうか、その長が大使か公使かは、かつては両国政府が相互関係を重視しているかどうかにかかっていた。たとえばアメリカ合衆国では建国後一世紀にわたって海外に公使館のみを設け、そして相互的に外国政府はアメリカの首都に公使館のみを設置していた。一八九三年、議会はいくつかの重要な公使館を相互主義のもとで大使館へと昇格させることを決定した。その後、大使館は徐々に公使館に取って代わり、一九六六年に最後のアメリカ公使館（ブルガリアおよびハンガリー）が大使館になった。この変化は、アメリカ合衆国が外交の重要性を高く位置づけるようになったことを示唆するものであった。

2　パブリック・ディプロマシー

かつて大使館や公使館は、相手国の一般市民との接触を厳しく制限されていた。このような制限は、最終的に一九二八年のハバナ条約で成文化され、「外交官の義務」という見出しで、外交官は受入国の内政に干渉してはならず、その関係を公式のコミュニケーションに限定しなければならないと規定された。そのため、外国から来た外交官は、受け入れ国の一般市民と正式な関係を持つことはなかった。つまり、第二次世界大戦以前の外交は、基本的に政府対政府の関係であり、外国の外交官は、その職務を行使する国の内政や外交政策に関与することは禁じられていたのである。しかし、ハバナ条約ははっきりと外交官が外国人と接触してはならないとまでは言っていない。これは非現実的なことである。というのも、在外公館は一五世紀に設立されて以来、その国の状況を報告することが任務として公認されており、民間人、それも狭い範囲の地元の政界や実業界、金融界のエリートらと会わなければ、これを遂行することはほとんど不可能であったからである。「公式の通信」を外務省に制限する同条約の規定は、主に、国民一般に対してではなく、他省庁に対しての外務省の立場を保護し、それによって二国間関係の混乱を避けるために設けられたものであった。

第二次世界大戦後、冷戦やテロとの戦いなどさまざまな理由から、外交は政府と国民とのあいだの独特の関係を含むようになり、パブリック・ディプロマシー〔今日の日本外務省では「広報文化外交」との呼び名もある〕と呼ばれるようになった。パブリック・ディプロマシーとは、基本的には国民の態度が外交政策の形成と実行に影響を与えることを指す。一九六五年にアメリカ合衆国の外交官エドモンド・ガリオンが提唱したこの言葉は、文字どおり従来の外交を超えて、政府が他国の世論を育てることを目的としている。同様に重要なのは、ある国の民間グループや利害関係者が、国境を越えた情報やアイデアの流れによって、他国のグループや利害関係者と交流することを公然と支援することである。

チャールズ・ウルフとブライアン・ローゼンによれば、パブリック・ディプロマシーは、その主要な特徴を公式の外交と対比させることで理解することができるという。第一に、パブリック・ディプロマシーは透明性が高く、広く普及しているのに対し、公式の外交はそうではない。第二に、パブリック・ディプロマシーは政府がより広い範囲の、場合によっては選ばれた市民（とくに中東やイスラム世界の人々）に向けて発信するのに対し、公式の外交は政府が他国の政府に向けて発信する。第三に、公式の外交が関わるテーマや問題は政府の行動や政策に関連するのに対し、パブリック・ディプロマシーが関わるテーマや問題は市民の態度や行動に関連する。プロパガンダや他国への内政干渉の疑いがあるパブリック・ディプロマシーは、ハバナ条約の精神と文言の両方に疑問を投げかけるものである。

3　外交官と諸条約

伝統的な外交は、条約の締結にも大きく関わってきた。オックスフォード英語辞典では、「条約（treaty）」について、狭義では「平和、休戦同盟、通商、その他の国際関係に関する二国以上の間の合意」、より広義には「協定、規約、合意の意味で、条約や交渉によって到達した解決策や取り決め」とさまざまに定義している。また、同辞書では「条約（Convention）」と「条約（treaty）」の具体的な意味の違いについても述べることができたはずだが、そうはしていない。一九世紀には、「条約（Convention）」という言葉は二国間協定によく使われていたが、二〇世紀になると、一般的には、幅広い数の締約国を持つ正式な多国間条約に使われるようになった。通常、国連のような国際機関の後援のもとで交渉された文書は「条約（Convention）」と呼ばれる。二国間関係では、社会保障や二重課税に関する条約（treaties）など、技術的または社会的性格を持つものに適用されることが多い。

いずれの名称であっても、条約関係を締結する権限とは、国家間の最も正式で最高の合意手段であり、ほとんどの場合は外交の実務家によって行われるものであって、主権の本質的な属性である。有効に締結された条約は署名国を拘束し、その署名国は誠意をもって条約を遵守《じゅんしゅ》しなければならないという原則は、国際法の基本的なルールである。これは、現代における国際関係のシステムの根幹をなすものである。条約が有効に締結されるための通常の条件は、条約国政府が国際的な合意を結ぶのに必要な能力を有していること、条約を交渉する全権大使が適切に権限を与えられていること、そして署名する国家に行動の自由があることである。また、国際連合憲章に盛り込まれた国際法の原則に反して、武力による威嚇や行使によって締結に至った場合、その条約は無効であることが認められている。敵対行為の停止後に締結された平和条約は、通常、先行する戦争があるために有効であると考えられていた。しかし、アメリカ合衆国は、ケロッグ＝ブリアン協定（一九二八年）――パリ不戦条約――によって、世界の国々とともに戦争を国策遂行の手段としないことを約束し、それに反する手段で締結された条約や協定は認めない方針を打ち出した。この原則はスティムソン・ドクトリンと呼ばれ、ヘンリー・スティムソン国務長官が一九三一年に日本の満洲制圧に反対することを正式に表明し、その結果、領土の所有権が変わることを容認しないとしたことにちなんでいる。スティムソン・ドクトリンは国際連盟でも採用された。同様の原則は一九六九年のウィーン条約法条約にも盛り込まれた。

国際的なレベルでは、国家の条約制定権の範囲は実質的に無制限である。これには海外領土の獲得、国内領土の割譲、境界線の画定と修正、相互援助の約束、外国投資の保証、犯罪の責任者や有罪判決を受けた人物の引き渡しなどが含まれる。条約には、海洋法や外交使節団とその職員の特権免除に関する協定などのように、法律を制定する性格のものや多国間のものがある。また、多国間条約は国際機関の設立や、その個々の機能と権限の決定の基礎となる。

多くの条約は、政治的取り決めと商業的取り決めのいずれかに分類される。とくに政治的な条約は、武力攻撃を受けた場合の相互防衛、中立など特定の国への保証、既存の境界線の維持などに関するものである。集団安全保障の概念は、安全を保障しつつ侵略に対抗するための普遍的、永続的、かつ集団的なコミットメントという考え方であり、二〇世紀の国際関係における重要な革新であった。この概念は、ウッドロー・ウィルソンが主張して国際連盟規約（第一〇条）に盛り込まれ、国際連合憲章で修正されて再登場したものである。通商条約は、通常、締約国の輸入製品に対する関税の引き下げなど、相互に経済的利益をもたらすものである。現代では、このような条約には、各加盟国がほかの加盟国に対して、ほかの国に与えられているものと同等の有利な待遇を与えるという条項（「最恵国待遇条項」）が含まれていることが多い。この種の多国間条約で最も重要なのは、関税及び貿易に関する一般協定（ＧＡＴＴ）である。また、別の種類の条約では、紛争を特別法廷の仲裁に委ねたり、常設仲裁裁判所や国際司法裁判所などの機関の裁定に委ねることを規定している。

国際法では、条約の決まった形式や締結のための決まった手続きは規定されていない。条約は、権限のある当局者が署名した合意文書を盛り込んだ外交文書の交換や、条約への拘束にそれぞれの政府が同意することを表明する権限を持つ当局者が、一部以上の文書に署名することで締結することができる。重要な条約の多くは、各締約国の批准を必要とする。このような場合、交渉担当者は最終文書に合意したあと、文書に署名し、条約案を批准のために憲法で認められた権限者（通常は国家元首または政府の長）に提出する。国や時代によっては、この手続きが簡単で予測可能な場合もある。一九三九年八月、ソビエト連邦の最高指導者ヨシフ・スターリンがアドルフ・ヒトラーと不可侵条約（独ソ不可侵条約）を締結しようとしたとき、何の障害も手続きもなかった。一方で、条約締結のプロセスは非常に複雑で政治的な問題をはらんでおり、その結果は不確かなものとなる場合もある。

条約には拘束力がある（パクタ・スント・セルヴァンダ［ラテン語で「合意は守られねばならない」との意］）と考えられているが、さまざまな方法で終了させることができる。条約自体が特定の時期に終了することを規定している場合もあれば、一方の締約国が終了の通知を行い、その通知を受け取った時点、または特定の期間が経過したあとに有効となる場合もある。一方の締約国がその義務を否認することで条約が終了することもあるが、このような一方的な終了は報復措置を引き起こす可能性がある。

条約は戦争や放棄によって自然に消滅することもあれば、物事はそのように残る原則（レブス・シック・スタンティバス［ラテン語で事情変更の原則の意］）に依拠して、すなわち署名当事者によって想定された状態（条約に署名したとき、従って条約の本当の基礎）がもはや存在せず、状況の実質的変化が生じたときに消滅することもある。特筆すべきは、状況の変化による終了の原則は、国連憲章やジュネーブ条約のような共同体的に適用される基本的条約に対しては、一般的に適用されないということである。外交の歴史を振り返ると、この二つの例は枚挙にいとまがない。大日本帝国とナチス・ドイツは国際連盟の脱退を正式に通告し、東南アジア共同防衛条約（ＳＥＡＴＯ）やワルシャワ条約といった冷戦時代の大規模な同盟体制は崩壊していった。最近では、アメリカが旧ソ連・ロシア連邦とのあいだで締結していた弾道弾迎撃ミサイル（ＡＢＭ）条約を破棄すると通告した。

4　条約法に関するウィーン条約

条約の締結、効力、効果、解釈、修正、停止、終了などを規定する国際法のルールは、一九六九年に国連総会決議が招集した会議で採択された、条約法に関するウィーン条約によって成文化されることになった。アメリカ合衆国、イギリス、フランス、ソ連をはじめとするほとんどの国連加盟国と、スイスなどのいくつかの非加盟国を含む一一〇ヵ国の代表者が参加した。この原案は国際法委員会が作成した。条約は、三五ヵ国の批准を経て、一九八〇年一月に発効した。アメリカ合衆国は署名したものの、批准はしていない。しかし、アメリカ合衆国は条約法に関するウィーン条約の規則のほとんどを国際慣習法に相当するものと考えている。

国際の平和と協力に関する諸条約は、ウィーン会議（一八一五年［ウィーン議定書］）、ブレスト＝

リトフスク条約（一九一八年）、ヴェルサイユ条約（一九一九年）といったヨーロッパの基幹条約から、国際連盟規約（一九一九年）、国際連合憲章（一九四八年）、北大西洋条約機構（一九四九年）といったマイルストーンに至るまで、人類史における外交上の風景にほかならない。国際平和と軍縮に影響を与える諸条約には、意外なほどの耐久性がある。一九六三年、米英ソの間で締結された部分的核実験禁止条約は、大気圏内および地上での核爆発を禁止するもので、冷戦の転換点となった。超大国が核を巡って正気へと一歩近づいたのであった。一九六八年に締結された核兵器不拡散条約（NPT）は一九〇の加盟国を持ち、核兵器の拡散を防ぐ唯一の世界的、法的、外交的な障壁となっている。NPTは核兵器の拡散を防ぐための国際的な基準を設けることに成功し、同時に、原子炉用の核燃料が大量破壊兵器へと転用されるのを防ぐための最後の希望である国際査察体制を確立した。外交と外交官とは今日、核拡散（イランと北朝鮮が皮切りである）、地球温暖化、新型コロナウィルス（COVID－19）パンデミックの後遺症など、二一世紀の最大の課題を解決する鍵を握る存在であり、しばしば国家間競争のゼロサムゲームの枠を越えて活躍しているのである。

このような背景のもと、以下の歴史的ケーススタディでは、現代の国際外交の主要な出来事の経過と結果を扱い、国際政治における主要な調整の制度である外交術が、我々の住む世界をどのように変化させ、形成してきたのかにとくに注目していく。この物語は、一八世紀の最後の四半期に、新世界のイギリス植民地の人々が、まず大英帝国の力に対抗し、次に自由を求めて交渉するところから始まる。

第2章　アメリカ独立革命の外交

一七六三年に七年戦争が終結し、イギリスはローマ崩壊以来の大帝国を手に入れた。しかしながら、勝利はフランスやスペインから奪った広大な北アメリカの領土を再編する必要性をもたらした。そして、ネイティブアメリカンとのさらなる戦いを防止するために、一七六三年の布告により、広大なアパラチア地方を白人の入植地として閉鎖したのである。イギリス政府は、これらの新領土の防衛と治安維持のために、アメリカ本土に空前の常備軍を配備した。これらの費用を賄い、また戦争による莫大な財政負担を軽減するために、イギリス政府は新たな税金を課したり、植民地の人々が長いあいだ無視してきた帝国通商法を施行したりした。フレンチ＝インディアン戦争（アメリカでは七年戦争と呼ばれていた）の終結は、いわゆる「有益なる無視」［イギリスの植民地経営上、程よい放任政策がとられていたことを指す］の時代の終わりを意味した。

イギリスの施策は、北アメリカに平和と安定をもたらすだけでなく、大英帝国の防衛と支配にかかる費用を植民地に負担させることも目的としていた。しかし、植民地は、自分たちが自治権を持つ存在、後世の言葉で言えば「自治領の資格」を有するのだと考えるようになり、議会や国王から義務を規定されることを拒否した。しかし、議会と国王ジョージ三世は、このような斬新な帝国論を受け入れなかった。その結果、イギリスは植民地だけでなく、最終的にはヨーロッパのほとんどの国々との戦争に巻き込まれることになった。この戦争は、イギリスの軍事力を完全に破壊するものではなかったが、イギリスは最も価値のある植民地を失い、一七六三年のパリ条約によって手に入れた権力の頂点から転落してしまった。

1 フランスとの同盟関係

武装蜂起の当初の目的は独立ではなく、イギリス人としての権利の回復と承認であった。彼らは、一七六三年以前のイギリスの政策のもとでの地位に満足していると公言していた。植民地が蜂起二年目に独立に転じたのは、イギリス政府が妥協を許さず、厳しい抑圧策をとったことが一因であった。それは、独立によってもたらされる可能性のある利益を認識した結果でもあった。この時、イギリスから移住してきたばかりのトマス・ペインほど、説得力のある独立論を唱えた人物はいない。ペインは一七七四年末、幾多の失敗を経てアメリカに渡った。それから二年も経たない一七七六年一月、彼は小冊子『コモンセンス』を出版した。この小冊子は最初の三ヵ月で約一二万部を売り上げたことでわかるように、独立を求める主張を最も効果的に表現したものであった。ペインの主張のうちの二つは、将来のアメリカの外交政策にとって重要なものであった。ペインの論じた独立とは、旧植民地をヨーロッパの戦争に巻き込むことから解放するものである。また、独立の宣言によって海外からの援助が得られる可能性も高まる目算があった。

外国からの援助を求めて

人数、富、産業、軍事・海軍力において母国に大きく劣る植民地は、ヨーロッパの主要国のいずれかが援助しないかぎり、決定的で軍事的な成功は望めなかった。独立を決定する数ヵ月前、議会は秘密委員会を設置し、海外の支持者と連絡を取った。一七七六年七月にパリに到着したコネチカット邦のサイラス・ディーンは、フランス政府が反乱を起こしたイギリスの植民地へ秘密裡に援助を与える意向があることをすぐに知った。実はフランスの大臣たちは、一七六三年以来、勝利を収めたライバルであるイギリスを弱体化させ、屈辱を与える機会を窺っていたのであった。フランスの著名な劇作家であり、かつ未熟な外交官であったカロン・ド・ボーマルシェは、すでにロンドンにいたもう一人の植民地エージェント、アーサー・リーと連絡を取っていたが、今こそそのような機会が到来したと考えていた。フランスの外務大臣ヴェルジェンヌ伯爵も同様に考えており、ヴェルジェンヌとボーマルシェは、植民地への援助がフランスの利益になるとルイ一六世を説得した。

しかし、フランスはまだ植民地との友好関係を公言せず、秘密裡に物質的な援助を行うにとどまっていた。ボーマルシェは、ロドリゲ・オルタレス商会という架空の会社を設立し、フランスの火薬やその他の必需品をジョージ・ワシントン軍に提供することで、これを管理した。スペインもフランスに説得されて、これらの手段で援助を行った。当時のドル換算で、フランスは約二〇〇万ドルの援助金と六三五万ドル以上の借款、スペインは約四〇万ドルと二五万ドルの援助金および借款をアメリカのために提供したことになる。

フランクリンの派遣

このような秘密の「軍事物資貸与」の手配は、ディーンがパリに到着する前から行われていた。独立宣言後、アメリカ議会は、当時最も広く知られ、最も称賛され、最も説得力のあるアメリカ人、ベンジャミン・フランクリンをフランスに派遣した(図2)。パリでは、ディーンとロンドンから来たアーサー・リーを加えて、三人からなるアメリカ人委員会を結成した。委員会の仕事は、敵国のエージェントによって大きく損なわれ、歴史家のジョナソン・ダルは、「事実上、英秘密情報部の失業対策局」というレッテルを貼るに至った。イギリスのエージェントのなかで最も重要であったのは、マサチューセッツ邦出身のエドワード・バンクロフト博士で、ディーンの秘書として雇われていた。バンクロフトはイギリス政府からひそかに報酬を得ており、委員会の活動やフランスの閣僚との関係を忠実に報告した。アーサー・リーはバンクロフトの裏切りを確信していたが、フランクリンとディーンの被雇用者との信義は揺るがなかった。敵のエージェントがいたことに加え、フランクリンは政治的な理由で情報を頻繁にリークし、ディーンは内部情報を利用して投機的な計画を追求した。

フランクリンの任務の主な目的とは、フランス政府からアメリカ合衆国を独立国家として正式に承認してもらうことであった。承認を得るには、フランスとアメリカ合衆国とのあいだで条約を締

図2　ベンジャミン・フランクリン

結する必要があった。フランクリンは、議会の委員会が作成した友好通商条約の草案をパリに持参した。この条約は、議会がフランスだけでなく世界貿易全体で採用されることを望んでいた、自由な通商の原則を具現化したものであった。この一七七六年の「条約案」は、アメリカの外交政策を扱った最初の主要な国家文書であり、革命の緊急事態をはるかに超えて、その政策立案者たちの指針となるものであった。この条約案の主たる執筆者であったジョン・アダムズは、仏米間の条約は軍事的・政治的な結びつきのない通商的な関係性というかたちをとるべきだと繰り返し主張した。アダムズはフランスについてこう述べている。

我々は、将来のヨーロッパの戦争に我々を巻き込むような同盟をフランスと結ぶべきではない。我々は、将来のすべてのヨーロッパ戦争において完全な中立を維持することを第一義とし、またそれを決して忘れてはならない処世訓として打ち出すべきである。

アメリカ合衆国の承認と同盟の締結

ヴェルジェンヌはアメリカに友好的であったが、アメリカが戦争に勝つために自分たちの能力を示す証拠を提示するまで、イギリスとの戦争の危険を冒してまで公式の承認を与えることを望まなかった。当然のことながら、彼はフランスを敗戦のための戦争に巻き込みたくはなかったのであろう。一七七七年一二月、モントリオールからニューヨークへ侵攻したバーゴイン将軍のイギリス軍が、サラトガにてアメリカのゲイツ将軍に降伏させられたという知らせが届くまで、そのような確証は得られなかった。これこそヴェルジェンヌが待ち望んでいたことであった。彼はスペインを大いなる目的に参加させようとし、スペインがこれを先延ばしにしたため、フランスはスペイン抜きで事を進めるよう決意したのである。

一二月一七日、アメリカの委員らは、フランスがアメリカ合衆国を承認し、条約を締結することを知らされた。一七七八年二月六日、パリで仏米友好通商条約と仏米同盟条約が調印されたが、後者は前者が原因となってイギリスがフランスとの戦争を始めた場合に発効するものであった。仏米友好通商条約は、アダムズが一七七六年に発表した条約案の原則を明確に反映したものであったが、同盟条約は、「後世になって我々を困らせ、将来のヨーロッパの戦争に巻き込むかもしれない」フランスとの同盟を避けようとするアダムズの呼びかけには反するものであった。

ヴェルジェンヌは、イギリスが旧植民地と和解することを恐れて、この行動を急いでいたのである。バーゴインの降伏はイギリスでセンセーションを巻き起こし、外務省へアメリカ人に自由な解決条件を提示するよう至らしめた。三月、議会は、一七六三年以降に制定された、植民地主義者が不満を抱いていたすべての法律を廃止する一連の法案を可決した。四月には、カーライル伯爵を団長とする委員会がアメリカに派遣された。同委員会は旧植民地が武器を捨ててイギリス王室への忠誠を取り戻すのならば、独立だけを除いて、議会が主張していた事実上のすべてを提供する権限を付与されていた。自国の税金を管理する権利、それまでは任命されていた総督やその他の役人を自ら選出する権利、希望すれば議会に出席する権利、議会をアメリカ議会として継続する権利、クイットレント（必要な封建的奉仕の代わりに支払う土地使用料）からの解放、植民地特許を同意なしに変更しないことへの保証、反乱を起こしたすべての者への完全な恩赦、これらの条件からイギリスが自国の帝国を崩壊から救うためにいかに進んで取り組んだかがわかる。事実上、イギリスはアメリカに対して「自治領の資格」を提供したのである。

独立宣言の前、おそらくバーゴインの降伏の前のいつであっても、そのような申し出がなされていたのならば、それは十分に受け入れられ、厄介な一三の邦は最初のイギリスの支配地になっていたであろう。だが、この提案は遅すぎた。フランスからの承認と同盟、そして公然の援助が約束されたことで独立は確実となり、後戻りはできなくなった。議会はカーライル委員会との交渉に立ち会うこともなく、フランスとの条約を批准した。

仏米友好通商条約

仏米友好通商条約はそれぞれを相手国に対する最恵国待遇とし、「一七七六年の条約案」の自由主義原則を実質的に変更することなく具体化したもので、原則として相手国が戦争しているときに偶然、中立となった加盟国の利益を保護するよう定めた。仏米同盟条約はフランスがイギリスとの戦争に巻き込まれた場合に発効するものであった。その目的は、アメリカ合衆国の「自由、主権、独立を絶対的かつ無制限に効果的に維持すること」であった。フランスは、バミューダ、および一七六三年のパリ条約以前または同条約によりイギリスまたは旧イギリス植民地に属していた北アメリカ大陸のいかなる場所に対する計画も、永久に放棄した。また、イギリス領西インド諸島の領有権も留保していた。一方、アメリカ合衆国には、バミューダやイギリス本土の領地を征服し、保有する自由があった。両当事国とも、アメリカの独立を勝ち取るまでは、イギリスと個別に講和を結び、武器を置いてはならないとされた。そして両当事国は、「現在から永久に、ほかのすべての勢力に対して」、当時保有していたアメリカの領地と戦争から脱却する可能性のある領地を相互に保証した。さらにフランスは、アメリカ合衆国の自由、主権、独立を保証することを約束した。

上述した条約は、二〇世紀半ばまでアメリカ合衆国が参加したなかで唯一の「厄介な同盟」であった。そして、一八〇〇年に破棄されるまで、深刻な困惑を引き起こすことになったが、独立を勝ち取るためには、この条約は不可欠なものであった。ロシャンボー将軍が率いるフランス陸軍がアメリカに派遣され、デスタン提督とド・グラース提督率いるフランス艦隊がアメリカ沿岸で作戦を展開した。フランスの援助の重要性は、独立革命の最後の局面であるヨークタウンで、コーンウォリスのイギリス軍が、フランス艦隊と連合軍（その三分の二はフランス軍）に挟み撃ちにされた事実が物語っている。

2　苦境に立たされるイギリス

スペインと革命

スペインは、フランスと「家族協約」という同盟関係で結ばれており、アメリカ合衆国にも秘密裡に援助を行っていたが、フランスが交戦国になってから一年以上も参戦を控えていた。スペインがイギリスとの戦争に成功すれば、ジブラルタル（一七一三年に喪失）とフロリダ（一七六三年に喪失）を奪還できるという利点があった。そのなかでもより価値の高いジブラルタルは、スペイン宮廷がイギリスとフランスの仲介の報酬として平和的に奪還することを望んでいた。イギリスがこの申し出を断ると、スペインはフランスと明確な同盟を結び（一七七九年四月一二日、アランフェス条約）、一七七九年六月二一日にイギリスに対して宣戦布告を行った。仏米同盟条約はスペインにも加盟権が認められていたが、スペインは同条約への加盟やアメリカとの条約締結を拒否した。自らも植民地帝国であったスペインは、イギリスの植民地における反乱を公式に認めることをためらった。ジョン・ジェイはマドリードで苦々しい数ヵ月をかけ、アメリカ合衆国の承認を求めた。しかし、ミシシッピ川を航行する権利の放棄を申し出ても、スペイン政府にこの若い共和国を承認するよう説得することはできなかった。アランフェス条約により、フランスとスペインは、スペインがジブラルタルを奪回するまで和平を結ばないことに合意した。アメリカ合衆国はフランス抜きで和平を結ばないと約束していたため、ジブラルタルがスペインに返還されるまでは、そして、すべての条約上の約束が守られないかぎり、和平を結ぶことはできなかった。

アメリカでは、スペインの利益はアメリカ合衆国の利益と相反するものであった。アメリカ合衆国はミシシッピ川を西の境界とし、スペイン領を通過してメキシコ湾まで航行する権利を求めていた。スペインは川とメキシコ湾の航行と商業をできるかぎり独占しようとし、川の利用も東岸の足場もアメリカ人に譲ろうとしなかった。もしスペインがその気になれば、アメリカ合衆国の西の境界線はアパラチア山脈の頂上に限りなく近いところに定まるであろう。

スペインの交渉力は、ルイジアナ邦の若き総督ベルナルド・デ・ガルベスの大胆かつ精力的な行動によって強化された。スペインが参戦してから二年も経たないうちに、彼は北のナチェズから東のペンサコーラまでの西フロリダからイギリス軍を追い出したのである。彼は戦争終結後にスペインがフロリダを割譲し、ミシシッピ川下流域を完全に支配することを主張するようになった。

ヨーロッパのチェスゲームの駒

アメリカ合衆国は、独立を勝ち取るためには、ヨーロッパの国際的な対立や政治に巻き込まれる必要があると考えていた。しかし、このような対立と政治は、アメリカの独立を未達成のまま戦争を終結させるおそれがあった。不本意ながら参戦したスペインは、やがて戦争に嫌気がさした。一七八〇年、スペイン政府はイギリスの使節団を迎え、和平交渉に乗り出した。アメリカに対して、スペイン公使はイギリスとその「植民地」とのあいだで長期休戦することを提案した。独立を明確には認めず、ウティ・ポジティディスに基づく領土分割、つまり各当事国が現在占領している地域を保持することを条件にした。この場合、イギリスはメイン邦、北部辺境、ニューヨーク市、ロングアイランド、バージニア邦以南の主要な港を支配下に置くことになる。

ヴェルジェンヌは、アランフェス条約に違反するこのようなイギリスとスペインの対話には反対であった。しかし、ロシア皇帝エカテリーナ二世とオーストリア皇帝ヨーゼフ二世からの調停提案には耳を貸した。この提案は、アメリカにおいてもほぼ同様の効果をもたらしたであろう。アメリカの和平調停官に任命され、ヴェルジェンヌの要請でハーグからパリにやってきたジョン・アダムズは、この提案を前にしたとき、即座に拒否した。すべてのイギリス軍がアメリカ合衆国から撤退するまでは休戦しない、アメリカの主権と独立を尊重すると保証しないかぎり、イギリスとの交渉は行わない、と彼は言った。しかしアメリカでは、アダムズよりも議会のほうが簡単に説得しやすい相手であった。フランス公使アンヌ＝セザール・ド・ラ・ルゼルヌの働きかけ（場合によっては金銭的説得）により、議会は一七八一年六月一五日、有望なヨーロッパの和平委員への新しい指示を作成することになった。彼らは、エカテリーナ二世とヨーゼフ二世の調停を受け入れるだけでなく、フランス公使らの手に身を任せ、「和平または停戦のための交渉において、彼らの認識と同意なしにいかなることも行わない」こと、そして最終的には「彼らの助言と意見によって」統治されることを指示されたのである。イギリス政府が調停提案を拒否したのは、アメリカ合衆国にとって幸運であったのかもしれない。

和平交渉の開始

一七八一年一〇月一九日、ヨークタウンでコーンウォリスがワシントンとロシャンボーに降伏したことが、イギリスにとっての悲運のクライマックスであった。イギリスは、西欧諸国の大多数との戦争状態、あるいは戦争寸前の状態にあったのである。イギリスは、公然の敵のリストにオランダを加え、フランスとの中立貿易の継続を認めず、オランダを戦争に追い込んだ。バルト海沿岸諸国、ロシア、デンマークおよびスウェーデンは、一七八〇年、イギリス海軍の不法な徴発から自国の商業を守るために武装中立同盟を組織し、プロイセン、（神聖ローマ帝国の）皇帝、両シチリア王国、さらにはイギリスの伝統的同盟国であるポルトガルもそれに加わった。イギリスが戦争を長引かせることで得られるものはほとんどなかった。

一七八二年二月、ヨークタウンでの惨事の知らせを受けたイギリス下院は、戦争を終結させるべきであると決議した。三月には、アメリカの戦闘を引き起こしたノース卿の全閣僚が辞任し、ロッキンガム侯爵を長とする新政権が発足した。シェルバーン伯は南部担当国務大臣として、スコットランド人のリチャード・オズワルドをパリに派遣し、アメリカ代表と協議して和平交渉を開始した。一七八二年七月にロッキンガムが亡くなると、シェルバーンは首相になったが、引き続きアメリカ合衆国との交渉を指揮した。これは幸先がよかった。シェルバーンは寛大な和平を提唱しており、その結果、イギリスはアメリカの貿易の大部分を取り戻し、将来的にはアメリカをある種の帝国連邦に復帰させることができるかもしれなかったからである。

アメリカ議会は五人の和平委員を任命し、そのうち三人が実際に交渉に当たった。交渉が始まった時、フランクリンはパリにいた。ジョン・ジェイは、マドリードで承認と条約締結を求めていたが、一七八二年六月に［パリに］到着した。オランダからの承認と借款を確保したジョン・アダムズは、一〇月にパリに到着した。ヘンリー・ローレンスは、条約に署名するのに間に合った。議会が指名した五人目のトーマス・ジェファーソンは、その任を辞退した。交渉の大部分はフランクリンとジェイが手がけ、アダムズは交渉の終盤に貴重な助力を与えた。

3　和平交渉

外交の利害関係

アメリカの委員たちは、三つの主要な目的を持っていた。これは、①今や確実なものとなった独立の承認、②可能なかぎり広い境界線、③植民地の人々がイギリスの臣民として享受していたイギリス領北アメリカ沿岸での近海漁業の特権の保持であった。イギリス政府の立場といえば、アメリカの独立を認め、その他のアメリカの要求にも寛大に対応する用意があった。そして、アメリカ合衆国から、①アメリカ人耕作者などの革命前のイギリス債権者に対する債務の支払いに加えて、②ロイヤリスト（闘争のなかでイギリス側についたアメリカ人。王党派とも）が居住する邦に接収された土地やその他の財産を補償する協定を取り付けることを望んだのであった。

アメリカ人の要求のなかで最も議論を呼んだのは、境界線に関するものであった。この点に関するアメリカ人の主張には、イギリスとの調整だけでなく、スペインとの紛争も含まれており、ヴェルジェンヌは彼のアメリカの同盟者ではなく、スペイン人を支持することを選んだのである。ベンジャミン・フランクリンをはじめとするアメリカの指導者たちは、より楽観的に考えて、イギリス領北アメリカ全域といくつかの離島を連合に含めることを夢見ていた。しかし、このような希望が実現する可能性はなかった。アメリカ合衆国議会が権利として主張したのは、アパラチア山脈とミシシッピ川の間の西部全域で、南は三一度線から、北緯四五度のセントローレンス川からニピシング湖（一七七四年以前のケベックの南西部境界線）まで引いた北線を含み、そこからミシシッピ川の源流に至る範囲であった。これらの主張は、主に特定の植民地特許における海から海への条項［海から海までのあいだにあるすべての主要な陸地を与えるという特許の条項を指す］に基づいていたが、イギリス政府は一七六三年以来、西部の土地は依然としてイギリス王室に帰属するという理論に基づいて行動していたため、それを真剣に受け止めることはなかった。

オハイオ川の南側では、ケンタッキー中央部とテネシー東部および中央部にアメリカ人が入植したことで、アメリカ合衆国はこれらの地域の領有権を主張する確固たる根拠を得たが、さらに南に行くと、イギリス人を追い出したのはアメリカ人ではなくスペイン人であった。スペインはミシシッピ川の東岸をナッチェスまで北上していた。彼らは先に述べたように、アメリカ人のミシシッピ川への立ち入りを拒否し、アパラチア山脈流域にできるだけ近いところに境界線を引くことを望んだのである。この試みにおいて、彼らはフランスの支援を得ていた。

一七七九年の夏、議会はジョン・アダムズを和平交渉のための委員に任命し、交渉への第一歩を踏み出した。一七七九年八月一四日に作成されたジョン・アダムズへの指示書には、山岳地帯からミシシッピ川まで、各国が主張する全領域を含む境界線が提案されている。さらに、「カナダとノバスコシアの割譲は、アメリカ合衆国の平和と通商にとってきわめて重要」であり、漁業における平等な権利が保証されるべきだが、戦争を終結させたいがために、議会はこれらの目的の獲得を最後通告とすることは控えていた。その後、軍事的な必要性とフランス公使からの圧力を受けて、議会はこれらの要求を修正した。一七八一年六月一五日の新たな指示では、独立とフランスとの条約の維持が不可欠な条件であることだけが主張された。境界線に関しては、委員は先の指示を「議会の要望と期待」を示すものと見なすが、それが和平の障害となる場合には従わずともよいというものであった。委員会の任務は、二年前に提案された条件をできるかぎり実現することであった。この点では、彼らは大成功を収めた。

和平交渉の進展

アメリカが最初に遭遇した障害は、イギリスではなく、スペインとフランスによって築かれたものであった。ジョン・ジェイがパリに到着したとき、マドリードでの無駄な任務のあとであったことから、彼はスペインとフランスの両方に疑念を抱いていたが、まさにその疑念を裏付けるような不穏な動きを目の当たりにした。パリのスペイン大使とヴェルジェンヌの報道官との会話から、スペインがフランスの支援を得て、ミシシッピ渓谷からアメリカ合衆国を排除しようと考えていることがわかったのである。フランスがスペインの主張を支持したことで、ヴェルジェンヌとアメリカ側委員とのあいだの秘密保持関係は損なわれた。ヴェルジェンヌは、アメリカとフランスの交渉は別々に、しかし等しいペースで進められるべきであり、どちらの和解も他方の和解がなければ有効にならないことを理解したうえで合意していた。フランクリンとジェイは、一七八一年六月一五日の彼らへの指示によって命じられていたフランス公使への「最も率直で内密の通信」を行う任務をかなりの正当な理由のもとに無視し、イギリスとの予備的条件に関する交渉を進めた。イギリスとの和解交渉において、彼らは三一度線以北の西側諸地域におけるスペインの主張を無視し、（イギリスと同様に）その地域はまだイギリスのものであるとみなした。

フランクリンは、オズワルドとの非公式な会談で、アメリカとして永続的な和平に「必要な」条件および「望ましい」条件と考えるものをすでに書き上げていた。「必要な」条件のなかには、独立と軍隊の撤退後、「カナダの境界線をケベック法以前の状態（つまりセントローレンスとニピシングの境界線）にまで縮小すること」、「さらに縮小しないまでも」、漁業特権を保持することなどが含まれていた。また、永久的な和解への貢献が期待できる「望ましい」条件として、彼は戦争の惨禍によって破滅した人々へのイギリスによる補償、議会法やその他の公文書に表された誤謬《ごびゅう》の承認、イギリスと同じ条件でのアメリカ船のイギリスおよびアイルランド港における貿易の受け入れ、「カナダのあらゆる部分の放棄」などを挙げた。

交渉の遅れは、まずオズワルドがイギリス政府の代理人としての正式な権限を授権されていなかったこと、そして八月八日に授権されたあとも、交渉の前段階としてアメリカの独立を承認する権限が付与されず、逆にイギリスの「植民地」の代表と交渉する権限が与えられたために生じたものであった。しかし、独立を承認することを条約案の第一条とする権限は与えられていた。フランクリンとジェイは当初、交渉の前提条件として独立の正式承認を主張しようとしたが、フランスがこれ以上の交渉の遅れを利用することで、アメリカに不利な状況が生じることを警戒し、オズワルドにアメリカ合衆国委員と交渉することを認めた新しい委員会を承認することに同意した。このような形式的問題に細心の注意を払いながら、時間の経過とともに、状況はアメリカ合衆国にとって不利になるように修正されていった。

九月一日、フランクリンが提案した「必要な」条件に基づいて講和に合意するよう、オズワルドに指示が送られた。これは、ニピシング線以北の西部地域をアメリカ合衆国に譲り、戦前の債務の支払いやロイヤリストから没収した財産の返還は規定しない、というものであった。この条件による条約案は、一〇月五日に委員会によって署名され、ロンドンに送付された。交渉の遅れが招いた不幸な結果は、今や明らかであった。スペインとフランスの陸海軍に三年間包囲されていたジブラルタルへの大規模な攻撃が失敗した、との知らせがロンドンに届いたのである。この勝利を手にしたシェルバーンは、アメリカ合衆国に対してより強硬な態度を取るようになる。彼は、債権者とロイヤリストのために何かするよう主張しただけでなく、土壇場で北西部を保持しようと試みたが、この後者の動きは、ほかの点での譲歩を確保するためのジェスチャーに過ぎなかったのかもしれない。フランクリンは、「彼らは境界線をオハイオまで下げ、ロイヤリストをイリノイ郡に入植させることを望んでいた。しかし、我々はそのような隣人を選んだわけではない」と報告した。

アダムズの加勢を得たアメリカ側は、北西部の保持を主張したが、このことやその他の点では譲歩する用意があった。彼らは、ロイヤリストとイギリス債権者の利益になる条項を条約に盛り込むことに同意した。彼らは、議会が当初提案したセントジョン川の代わりにセントクロイ川を北東部の境界線として受け入れ、六〇年かけて解決された論争の基礎を築いたのであった。西側では、ニピシング線の提案を取り下げ、代わりにセントローレンスからミシシッピまで四五度線に沿って真西に引く線、またはセントローレンスの中央と五大湖を通り、ウッズ湖を経由してミシシッピに至る線の二つの選択肢を受け入れることに合意した。そして、イギリスは第二の代替案を受け入れた。

予備条約は一七八二年一一月三〇日にパリで調印されたが、フランスもイギリスとの和平を結ぶまでは発効しないことになっていた(図3)。

こうして調印され、やがて当事国によって批准された条約は、一〇月五日に起草された草案に比べ、三つの点でアメリカ合衆国に不利なものであった。それは、ロイヤリストとイギリス債権者にとって厄介な条項が含まれており、また北方境界線がニピシング湖経由ではなく、川と湖の境界線に沿ったものであった。後者の変更により、アメリカ合衆国は現代のオンタリオ州の大半で最も価値ある部分を失った。もしジェイとフランクリンが、オズワルドの最初の依頼に基づいて交渉する意思があったのならば、少なくとも一ヵ月後ではなく、九月の早い時期にフランクリンの「必要な」条件に合意し、シェルバーンがジブラルタルでの勝利の知らせを受ける前にこの条件を受諾できた可能性があった。

この条約で注目すべきは、アメリカ合衆国がこれだけのものを手に入れたこと、とくにイギリスが五大湖と三一度線のあいだのミシシッピ川以東のすべての領土の所有権を放棄したことである。この放棄を説明するには、植民地特許の法的重みや、ジョージ・ロジャース・クラークの軍事的勝利でもなく、シェルバーン伯爵の賢明な政策に注目しなければならない。和解の平和条約締結を望んでいた彼は、大英帝国にとってわずかな犠牲でそれを達成する手段を見出したのである。アメリカ側の要求する北西部は、彼からすれば、イギリスにとってわずかな価値しかないように思われた。同地域での毛皮貿易の規制は、王室の財政を破滅的に悪化させ、スペインがかつてないほど強固に支配しているミシシッピ川河口を支配しなければ、その地域の価値はほとんどないということが、

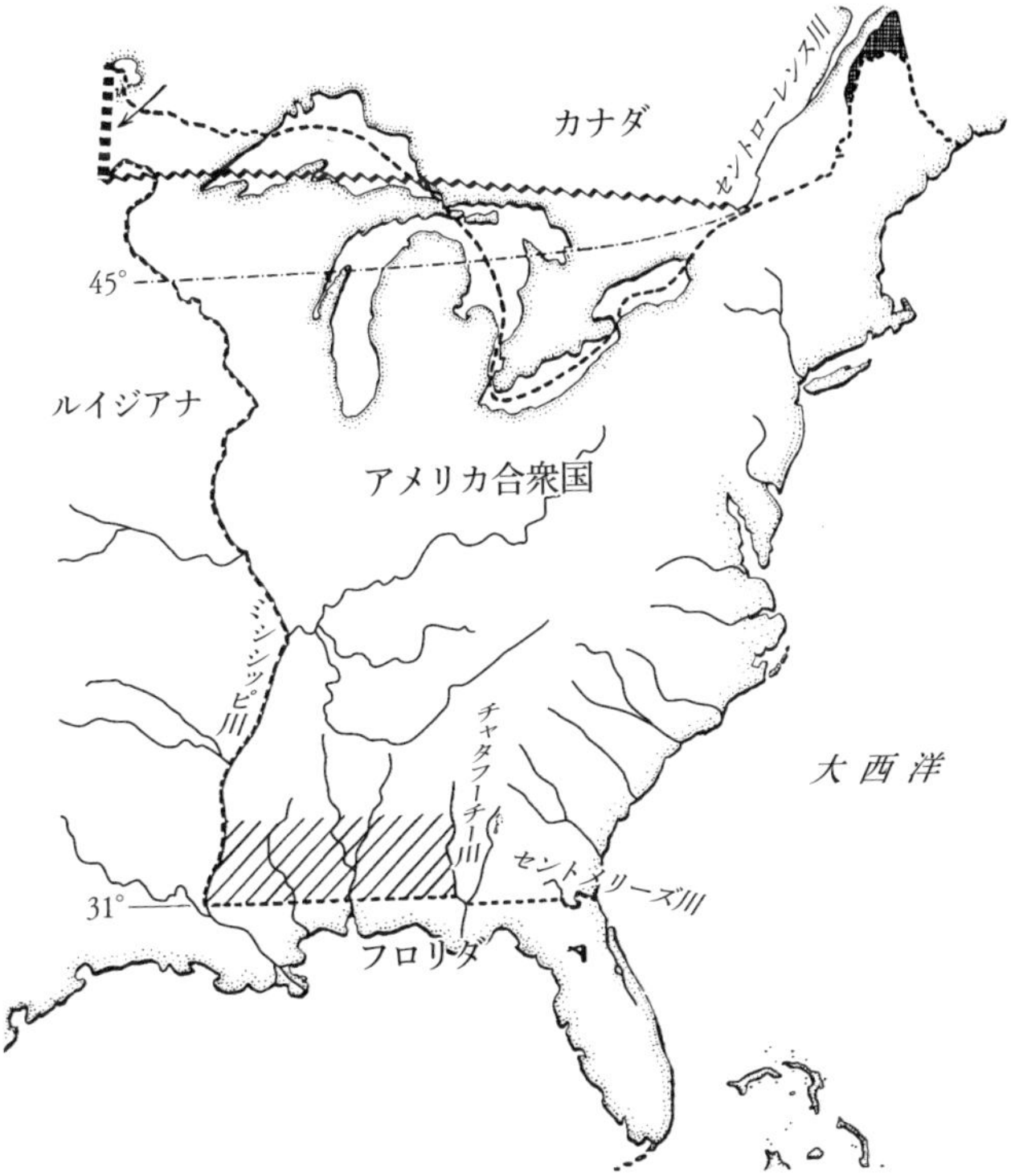

- 1763年の境界（最終的に決定された北東の境界）
- 北方の境界に関するアメリカ合衆国の第一次提案
- 北方の境界に関するアメリカ合衆国の第二次提案
- 1842年までアメリカ合衆国が領有権を主張
- フロリダを保持する場合、イギリスが領有

図3　パリ条約に基づくアメリカ合衆国の境界線の地図

これまでの経験で明らかになっていた。なぜアメリカの善意を安い値段で買おうとしないのか。

条約について

一七八二年一一月三〇日に調印された予備条約の主な条項は次のとおりである。アメリカ合衆国の境界は、メイン邦辺境にあるセントクロイ川河口に始まり、その川に沿って源流まで進み、そこから真北にセントローレンス川と大西洋流域を分ける高地まで、その高地に沿ってコネチカット川の北西端まで、その川を下って四五度線を通り、セントローレンス川まで続いた。その後、セントローレンスの中央、オンタリオ湖、エリー湖、ヒューロン湖、および接続水域に沿ってスペリオル湖に至り、ロング湖を経て、いくつかの小湖や小川を通ってウッズ湖に至り、その最北西端から真西にミシシッピ川まで引くことになっていたが、ミシシッピはかなり南側にそびえているので、これは実現不可能な線引きであった。それは、ミシシッピ川に沿って三一度線まで下り、その線に沿って真東にチャタフーチー川まで走り、その川を下ってフリント川と合流し、そこからセントメリーズ川の源流までまっすぐに飛び、その川に沿って大西洋に出るというものであった。イギリスが導入したものの、最終条約には盛り込まれなかった秘密条項では、イギリスが西フロリダを保持する場合、同邦の北方線は一七六四年以来と同様に三一度線ではなく、ヤズー川とミシシッピ川の合流点から東に引いた線でなければならないと規定されていた。ミシシッピ川の航行は、「イギリス臣民および合衆国市民に対して自由かつ開放的」であることを永久に維持することとされた。

イギリスは一三邦それぞれの独立と主権を認め、その土地と水域から「できるだけ早く」すべての軍隊、守備隊、艦隊を撤退させることを約束し、アメリカの漁師がイギリス領北アメリカの領海でこれまでと同様に商売をする「自由」を認めることにした。一方、アメリカ合衆国は、ロイヤリストとイギリスの債権者の利益のために、一定の約束をした。当事国は、どちらの側の債権者も、以前に契約した善意の債務の全額を回収する際に、「いかなる合法的な障害にも直面しない」ことに合意した。アメリカ合衆国は、戦争に参加したいかなる者に対しても、今後起訴や財産の没収を行わないことに合意し、一定の例外を除き、ロイヤリストの権利と財産を回復することを各邦の議会に「真剣に勧告」することを約束した。

この予備条約から秘密条項を除いたものが最終条約となり、一七八三年九月三日に調印され、イギリスがほかの敵国と和平を結んだのと時を同じくして調印された。イギリスはフロリダを、境界が未確定のままスペインに割譲したが、スペインはイギリスとアメリカ合衆国間の条約の当事国ではなかったため、ミシシッピ川の航行とアメリカ合衆国の南部境界に関して、条約の規定に拘束されるとは考えなかったのである。スペインとイギリスの両者に対して、アメリカ合衆国は条約上の規定を現実のものとするために、まだ多くの困難を克服しなければならなかった。

4　独立の問題点

アメリカ側は、独立が楽なものではないことをすぐに理解した。一七八三年に戦争が正式に終結した時、新政府はフランス、イギリス、オランダ、スウェーデンから承認されていた。アメリカ合衆国の未熟な外交官たちは、ロシア、プロイセン、オーストリア、スペイン、トスカーナ大公国の承認を得るためにヨーロッパ中を歩き回って、無駄な努力を重ねていた。しかし、どの国でも冷たくあしらわれた。フランスのルイ一六世のような、反乱と共和制の確立を容認するような無分別な真似をしようとする君主はほとんどいなかった。

独立後もいくつかの承認がなされた。一七八四年、スペインはついに独立を認め、ドン・ディエゴ・デ・ガルドキを最初の駐米公使として送り込んだ。プロイセンは一七八五年に、そしてモロッコは一七八六年に条約を締結した。一七八七年までに、アメリカ合衆国はこれら二ヵ国と、そしてフランス（一七七八年）、オランダ（一七八二年）、スウェーデン（一七八三年）とも通商条約を締結していた。しかし、イギリスとは一七九四年まで、スペインとは一七九五年までまったく通商条約を結んでいなかった。アメリカの重要性をあまり認識していなかったイギリス政府は、一七八五年にジョン・アダムズを公使として迎え、アメリカの港に領事やその他の代理人を置いたが、一七九一年まで正式の公使をフィラデルフィアに送ることはなかった。

このようにアメリカ合衆国が一時期「恵まれない」状態におかれていたのにはいくつかの理由があった。それは革命の所産であり、民主主義の実験場であり、人口も少なく、流動的な資源にも乏しい新興国家であった。そして、連合規約のもとで、外国が敬意を払う必要のない政府、つまり、安定した歳入もなく、陸軍や海軍もなく、一三の個別邦の政府を強制する力もない政府であった。そのような政府は、講和条約のもとでの義務を果たすことができない。そのような政府とは、約束の遵守《じゅんしゅ》を保証するような公約を結ぶことも、実行されることが期待できるような脅迫を仕掛けることもできない。そのような政府には、海外での通商上の待遇の平等を確保することができない。講和条約によって認められた領土で主権を行使することも、外交や武力によって外国からの占領に終止符を打つこともできなかったのである。一七八七年に制定された憲法によって、より強い印象を与える政府に変わってから、差し迫った国家的問題が解消されたのである。しかし、それらの問題の解決には、フランス、スペイン、イギリスがフランス革命戦争に巻き込まれたことが大きく影響していた。そして、サミュエル・F・ベミス教授のよく知られた格言を引用するならば、「ヨーロッパの苦難はアメリカの利点になった」のであった。アメリカの外交上の経験は、世界の外交情勢の大きな転換を目の当たりにしながら、近代化の端緒についたほかの民族や植民地に示唆と手本を与える外交の古典的な実例となった。

第3章では、ヨーロッパの悲劇であり、近代史のなかで二番目に重要な出来事である第一次世界大戦と、その外交の原点について見ていくことにする。この時代の外交官たちは、オスマン帝国、オーストリア＝ハンガリー帝国、ドイツ帝国、イタリア帝国、大日本帝国の五つの帝国の崩壊と、イギリスとフランスという二大帝国体制の急激な衰退を仕切っていった。ヴェルサイユ体制とそれに続く国際連盟は、どんなに約束されたものであっても、大戦を生き延びた人々には冷たい慰めにしかならなかった。

第3章　第一次世界大戦とヴェルサイユの外交的起源

第一次世界大戦勃発前の一五年間が国際平和運動の全盛期であったことは、にわかに信じがたいことである。国際平和学会は隆盛を極め、ハーグに常設仲裁裁判所が設立され、調停条約が何十本も締結された。そのような平穏な時代を過ごした人々のなかには、戦争の時代、少なくとも大規模な戦争は過去のものであると真面目に考えている人もいた。近代技術のコストと潜在的破壊力を考えれば、戦争に勝ったとしても、得られるものより失うもののほうがはるかに大きいことは明らかであった。人類は合理的な存在であり、自滅のゲームに貴重な資源を浪費することの愚かさが理解できると考えられていた。ドイツ社会民主党のエドゥアルド・ベルンシュタインは一八九三年、当時の費用のかかるヨーロッパの軍拡競争について、「ドイツに追いつくよう他国に強いるこの継続的な軍拡は、一種の戦争である」と書いている。「私はこの表現が以前にも使われたことがあるかどうか知らないが、これは冷戦と言えるのかもしれない……銃撃はないが、出血はある」、つまり、国民の福祉を損ない、社会改革に必要な資源を浪費しているという意味である。『大いなる幻想(The Great Illusion)』として一九〇九年にイギリスで出版され、一九一〇年に『ヨーロッパの幻想(Europe's Illusion)』として再出版された本は、戦争の無益さと軍国主義の陳腐化について説得力のある論説を展開した。その本の著者であり、のちにノーベル賞を受賞したイギリスの作家、ノーマン・エンジェルと同じ結論に達した思慮深い人々が当時、きっと数多くいたに違いない。

一九一四年六月二八日、ボスニアの首都サラエボで起こった暗殺事件は、世界大戦につながる外交危機を引き起こした。テロ組織「ブラックハンド」のメンバーで、若き熱烈なセルビア民族主義者ガヴリロ・プリンツィプが、オーストリア゠ハンガリー帝国の王位継承者フランシス・フェルディナント大公とその妻ソフィーに致命傷を負わせたのである。オーストリア政府は、セルビア人の関与を疑うに足る十分な理由があったため、バルカン問題を暴力で解決し、多民族国家であるハプスブルク帝国の安定を常に脅かす存在に対して、きっぱりと終止符を打つことにした。この地域はハプスブルク家にとって重要な地域であり、自国のスラブ系住民の不安とロシアの進出を恐れていたのである。オーストリア政府は法律の専門家を現地に派遣して証拠を集め、厳重な裁判を準備した。七月、一〇代のプリンツィプとその共謀者たちは裁判にかけられ、有罪が確定した。その後のオーストリア政府の要求にセルビアが応じないと、オーストリア゠ハンガリーは七月二八日にセルビアに対して宣戦布告し、翌日ベオグラードは砲撃を受けた。

1　第一次世界大戦の起源

第一次世界大戦の外交的起源

ヨーロッパの同盟関係や古くからの野心や情熱のために、列強はすぐさま戦争に巻き込まれていった。それは、ナショナリズム、帝国主義、軍国主義が生み出すまさに大きな潮流であった。オーストリア・ハンガリーの宣戦布告から数日のうちに、列強の中心であるドイツ帝国は、セルビア防衛のために総動員を開始した帝政ロシアに宣戦するとともに、ロシアへの支援が見込まれるフランスにも宣戦した。一方、イギリスは同国が長年中立を保証していたベルギーにドイツが侵攻したため、ドイツに宣戦布告を行った。日本はイギリスの同盟国として極東に進出し、イタリアはフランスとその同盟国（協商、もしくは連合国）に加わった。

結局、トルコ、ブルガリア、ルーマニア、ギリシャなど二十数ヵ国が、そして一九一七年にはついにアメリカまでもが、この大戦争に巻き込まれることになった。ドイツのオットー・フォン・ビスマルク首相が、バルカン半島で「何かとんでもないことが起こる」と予言し、それがヨーロッパ全体の戦争の引き金になることが証明されたのであった。イギリスの政治家エドワード・グレイ卿が「ヨーロッパ中の灯りが消えていく、我々が生きているあいだに再び灯りがともることはないだろう」と言ったことも正しかった。一九一四年の出来事は、次の戦争への道を開くものであり、継続的な戦争、新たな恐ろしい三〇年戦争への道を開くものであったからである（図4）。

図4　塹壕戦の様子（ジョン・ナッシュ画「オッピーウッド」1917年）

しかし、三〇年戦争以来、ヨーロッパで最も大規模な文化的荒廃と大量殺戮をもたらした第一次世界大戦が、たった一人の暗殺によって引き起こされたと考えるのは間違いであろう。第一次世界大戦は、ドイツ、オーストリア、イタリア、そしてフランス、ロシアとのあいだで長年にわたって展開されてきた同盟外交に端を発していたのである。絡み合った同盟関係は、戦争が勃発したとき、あるいはロシア帝国が軍の動員を宣言したときに崩壊し、大国が戦争に突入するというカード・ハウス〔トランプのカードで作ったような不安定な建物・構造物の意〕を作り上げたのである（高値で買い控えたイタリアを除く）。この過程と第一次世界大戦前夜のドイツの心理を理解する鍵を知るためには、必然的に一九世紀にプロイセン・ドイツが大国としての地位を確立するところから始めなければならない。

ドイツ軍将校団のユニークな役割

一九世紀にプロイセン＝ドイツが大国の地位にまで上り詰めた歴史を振り返ると、プロイセンによる統一の達成は、具体的かつ限定的な目的のために計画され、実行された、三つのよく練られた短くて鋭い、いわゆるキャビネット戦争（Kabinettskriege）の結果であったことがわかる。これらは征服戦争ではなく、むしろ個別の政治的目的のために、政治指導者によって計画され、高度な専門的能力を有する将軍たちによって遂行された戦争であったことは確かである。このような一九世紀の成果の背景には、一七世紀から一八世紀にかけて、ホーエンツォレルン選帝侯と国王のもとでプロイセンがヨーロッパの大国の地位に上り詰めたという目覚ましい歴史があった。彼ら、とくにプロイセン王フリードリヒ大王（在位一七四〇～一七八六）は、政治指導者とそれに仕える将軍たちとの正しい関係性の上に成り立つプロイセン＝ドイツの国家運営の伝統を確立した。つまり、基本的に国王がすべての政策に責任を持ち、国家的な理由で戦争が必要だと判断した場合、国王は軍にその計画と実行を委ねたのである。こうすることで、国の安全保障を最大限に確保することができると理解されたのである。このように、ホーエンツォレルン王朝は、第二次世界大戦の終わりまで続くプロイセン＝ドイツの政治文化の形成に、重要なレベルで影響を及ぼしたのである。

また、プロイセンのような四方を敵に囲まれた陸封国においては、政治家は常にいつ戦争が起こるかわからないこと、そして明日とは言わないまでも、いつかは必ず攻撃されることを念頭に置かなければならないことも心に留めておかねばならない。そのような状況下で最も優先されたのは、ドイツ将校団の技術的熟練度であった。実際、プロイセン・ドイツでは、一八七一年の統一後、外交政策の優先順位が陸軍に握られ、最終的にはそれが外交を左右するようになる過程が観察できる。

独仏の運命的な敵対関係

一八七一年にドイツの宰相オットー・フォン・ビスマルク（図5）が帝国を建国したとき、それは主に第三次ドイツ統一戦争でフランスをだしにしたものであった［普仏戦争］。フランスは容赦のない屈辱的な扱いを受け、皇帝は捕らえられて国外追放され、同国は部分的な占領と多額の戦争賠償を受け、主要地方であるアルザス＝ロレーヌを失い、同地は第一次世界大戦後にフランスがそれを取り戻すまで、いわゆる帝国直轄州となった。このような国家の恥は、フランスが新たなドイツ帝国の永遠の敵になったことを意味し、フランスが復讐を望むのも当然であった。ビスマルクはこのことを敏感に察知し、フランスは常にヨーロッパのほかの大国と組んでドイツを抑え、しかるべき時に攻撃してくることを前提に、この時期からの外交を設計したのである。

　この時期の外交史上の多くの出来事は、まずこのフランスとドイツの歴史的な敵対関係、とくにアルザス＝ロレーヌをめぐる問題を中心に展開される。そして、歴史家が指摘しているように、復讐心がフランス社会のなかにどの程度浸透していたのか議論することもできる。もし、この時代に世論調査があったとして、フランスが誰と戦争をするかと尋ねられたら、実はほとんどの人がドイ

図5　オットー・フォン・ビスマルク公

ツではなくイギリスと答えたであろう。しかし、ビスマルクにはその怨恨《えんこん》の亡霊が常につきまとっていた。そこで、ドイツ首相は、フランスとロシアの悪夢のような対独連合の動きを政治的に封じなければならなかった。ビスマルクの外交は、フランスとロシアに東西から攻撃されることを恐れ、同盟関係をできるだけ長く維持して、いずれ起こるであろう次の戦争を遅らせることを目的としていた。ビスマルクの構想は、常に「トリオ」であること、つまりフランスに対して同盟を組んでいる三つの列強のなかに常にいること、別の言い方をすれば、五ヵ国いれば三ヵ国で同盟したいということであった。しかし、基本的に自由になる可能性のある国は二つであった。一九一五年に最も競争力のある相手と手を組むことになるであろうイタリアと、イギリスである。イギリスが何世紀にもわたる宿敵であるフランスと同盟を結ぶことも、ロシアと同盟を結ぶこともあり得なかった。なぜならイギリスとロシアは、インド北部、パキスタン、そして南アジアに至る地域の支配権をめぐって、「グレート・ゲーム」を長期にわたって争っていたからである。

一八七三年、ビスマルクは東欧・中欧の三帝国、プロイセン＝ドイツ、オーストリア＝ハンガリー、帝政ロシアとのあいだで協定を結んだ「三帝同盟」。この同盟は、ドイツ首相がサンクトペテルブルクを訪問した際に結ばれたもので、いずれかの国がヨーロッパのほかの国から攻撃を受けた場合、同盟国は二〇万人の兵力をもって支援にあたるというものであった。つまり、ビスマルクは、信頼できる友人を二人持つ方法を見つけようとしていたのである。しかし、これは長期的には非常に難しいことであった。とくにロシアは、この協定に十分納得していなかった。そこでビスマルクは一八七九年、ドイツとオーストリア゠ハンガリーとのあいだに別の同盟を結ぶことにした［独墺同盟］。この二重同盟は、ドイツによるオーストリア゠ハンガリーへの支援と、バルカン半島でのロシアの活動に対するハンガリーの抵抗を前提に、ロシアに真っ向から対峙するものであった。この同盟は五年間の期限付きで定期的に更新され、一九一八年まで有効であり、ビスマルクの同盟政策の基礎となるものであった。

その内容は、どちらかがロシアから攻撃を受けた場合、もう一方は総力を挙げて支援すること、他方、どちらかがほかの国から攻撃を受けた場合、その同盟国は少なくとも中立を保つこと、そしてほかの国がロシアの支援を受けていた場合、それぞれの同盟国は相手を支援することを義務づける、という明確なものであった。一九一四年七月、フランシス・フェルディナンドが暗殺されたあと、ドイツ軍がオーストリア軍に有名な白紙委任状を与え、オーストリア政府がセルビアに対して何をしてもよいとしたのは、二重同盟がこの時代にも継続するものの一つであり、最終的にロシアとの戦争になるであろうことを十分に承知していたからである。

独露再保障条約

一八九〇年代のヨーロッパ政治の展開に伴い、ビスマルクが目指した信頼できる三列強の協調関係の維持は、実現不可能なものとなっていった。ロシアとオーストリア＝ハンガリーの重要な利害関係の調整、とくに摩擦と紛争の絶えないバルカン半島での調整が長くは続かないことは明らかであった。そこでビスマルクは、ロシアが更新を拒否した三帝同盟（一八八一年）の期限切れに代わって、一八八七年に独仏再保障条約という別の秘密条約を結び、ロシアを引き留めるべく最後の取引をしようとした。この条約は、ドイツとロシアが第三国との戦争に巻き込まれた場合、互いに中立を約束する内容であったが、フランスに対する侵略戦争や、ロシアがオーストリアに対抗する場合には、これは適用されないというものであった。また、バルカン半島の現状維持に努め、ドイツはブルガリアにおけるロシアの圧倒的な影響力を認める内容であった。この有名な条約は、ビスマルクがロシアをフランスから遠ざけ、オーストリアの反対でロシアが決して手に入れられないとわかっているものに署名して、その友好関係を買おうとした最後の試みであった。しかし、これは実行不能であることが判明し、一八九一年にドイツ首相が退任したあと、この条約は正式に失効した。

つまり、それ以前の時点で、再保障条約は死文化していたのである。ドイツの歴史家たちは、しばしば再保障条約をビスマルクの最も優れた構想として描き出そうとする。なぜなら、もし再保障条約が存続していたならば、フランスとロシアは一八九三年に締結した軍事同盟に参加することはできなかったはずだからだ。この時、ロシア政府とフランス政府とのあいだで、一八ヵ月前に結ばれた軍事協定を正式に受諾する文書交換が行われた［露仏同盟を指す］。この協定は軍事的なものであると同時に政治的なものであったが、フランス側の憲法上、条約は代議院に提出しなければならないとされているのを回避するために、軍事的な協定として分類された。この協定は、三国同盟（一八八二年）が続くかぎり有効であるとされた。同協定は、フランスがドイツまたはドイツの支援を受けたイタリアから攻撃を受けた場合、ロシアは利用可能なすべての兵力をドイツに対して差し向けること、ロシアがドイツまたはドイツの支援を受けたイタリアから攻撃を受けた場合、フランスは利用可能なすべての兵力をドイツに対して差し向けることを定めていた。そしてさらに厄介なことに、三国同盟、あるいは三国同盟に加盟するいずれかの国（ドイツ、オーストリア、イタリア）の軍隊が動員された場合、フランスとロシアも遅滞なく軍隊を動員しなければならないとされた。正式な同盟はフィガロ紙やル・タン紙、その他の新聞には掲載されなかったが、誰もがこの盟約の大まかな概要を知っていた。イギリス、オーストリア、ドイツの外務省は、この条約が何を意味するかを十分に理解していた。フランスの外交的孤立が終わり、ビスマルクの悪夢が現実のものとなったのである。

ドイツ外交の軍国主義化

ビスマルク以後の外交の時代において、プロイセン・ドイツの参謀本部では、今後、外交上のジレンマの軍事的解決を優先せざるを得なくなると認識していた。彼らはすでに西のフランス、東のロシアとの二正面戦争を予見しており、東側での強固な防衛に重点を置いていたのである。一八九一年から一九〇五年にかけて、新しい参謀総長となったフォン・シュリーフェン伯爵のもとで画期的な新しい概念が引き継がれた。この新しい概念はドイツ帝国における軍と文民政府の関係について明らかにするものであることから、少しばかり触れておくことが必要であろう。まず念頭に置くべきは、ドイツの指導者はフランスおよびその同盟国がどこであろうと、戦争は避けられないと信じていたということである。それが彼らの想像しうる唯一のシナリオであった。そして、フォン・シュリーフェンが登場し、彼はこの戦争は絶対にフランスとロシアを同時に相手にした二正面作戦で戦わなければならないことを悟ったのである。これは兵站の根本的な問題を提起したが、フォン・シュリーフェンはこの問題の解決策を持っていた。それは、「殲滅《せんめつ》戦争」（der Vernichtungskrieg）と呼ばれる新しい概念——とにかく近代では新しい概念——に基づいていた。

それはどのように計画されたのであろうか。ロシアは巨大で動きにくく、東方への動員には長い時間がかかるので、フランスを撃滅する一瞬の好機がある。まず一八七〇年のように数週間で終わる電撃戦（Blitzkrieg）を行い、フランス陸軍を殲滅したあと、ドイツ陸軍を東進させてロシアに対して差し向けていた少数の方面隊をその区域で最大限の戦力まで引き上げればよいと考えられていた。ドイツの優れた軍備と計画によって、鈍重なロシア軍は、皆がクリスマスには故郷に帰れるように始末できるだろうというものであった。フォン・シュリーフェンの残したこの新しい概念は、ドイツ外交をさらに軍事化させることになったのである。

シュリーフェン計画の破綻

今日の感覚からすると信じられないことであるが、文民指導部、つまり首相と内閣は重要な詳細を知らされていなかった。最も重要なことは、西方での計画では、ドイツ陸軍は中立国ベルギー経由で進軍し、できるだけ早くパリ北部の陣地に入り、パリを包囲する必要があったということである。同時にもう一つのドイツ軍部隊がライン川を越えて南下し、その方向からパリを包囲する予定であった。フォン・シュリーフェンは、紀元前二一六年にハンニバルがローマ軍を全滅させたことになぞらえて、これを「スーパー・カンナエ」と呼んで強調していた。この計画は二週間で完了するはずであった。そして、実際にそれは成功寸前までいった。では、何がそれを阻んだのであろうか。一つは、ベルギーがドイツ軍によるベルギー国内への進軍要求に屈服せず、これを拒絶したことが挙げられる。実際、ベルギー陸軍は圧倒的な軍事力と野蛮さに対して、勇敢に、そして英雄的にさえ戦った。これには数千人の民間人の即決処刑や、ルーヴァン大学の有名図書館やその他の史跡の計画的破壊などが含まれる。もう一つ、より重要なことは、シュリーフェン計画は、一八三九年にロンドン議定書を締結したイギリスがベルギーのために介入することをまったく考慮していなかったことが指摘できる。たしかに、フォン・シュリーフェンはイギリスの介入を考慮したかもしれないが、それを単なる厄介事と見なし、ベルギーがきわめて敵対的な大国に占領される可能性を、イギリス政府が容認するかのように捉えていたのである。彼は、イギリスは陸上戦を満足に戦うことができないとみなしていた。この考えは、南アフリカ戦争（一八九九〜一九〇二）でのボーア人に対するイギリスの惨憺《さんたん》たる戦いぶりから導き出されたものであった。

今にして思えば、フォン・シュリーフェンは少なくとも先入観に基づいた判断を下していたと言わざるを得ない。なぜなら、実際に彼の計画が不調であったのは、イギリス遠征軍の介入によるところが大きかったからである。一九一四年九月にパリを包囲する態勢にあったドイツ陸軍を足止めしたのは、ボーア人に対する初期の失敗から学んだイギリスの速射能力であった。単純な結論として、ベルギー進攻の決定によりイギリスは自動的にフランス側の戦争に巻き込まれ、この事実によって、本来は素晴らしかったシュリーフェン計画が破綻することになった。しかし、忘れてはならないのは、そもそもこれには政治的、軍事的な欠陥があったということである。戦後、ドイツのベートマン・ホルヴェーク首相は回顧録のなかでそのことを認めている。実際、この計画がイギリスを動かすことになると知ったとき、彼は度肝を抜かれてしまい、ドイツの実質的な政治は軍部の手に委ねられたのであった。

2 戦争の経過

殲滅戦争の理不尽な継続

計画が失敗した今、若きヘルムート・フォン・モルトケに代わって新たに指揮を執ったエーリッヒ・フォン・ファルケンハインは、西と東でまだ当初の目標に到達できると信じて、あるいは信じているふりをしていた。しかし、人的資源と物的資源の両方において、この途方もない任務に対応することはできなかった。フォン・ファルケンハイン自身も、この作戦を本当にやり遂げられるとは思っていなかった。八月初旬の戦闘開始時に彼は次のように書いている。「もし敗北したとしても、それはそれでもなお称賛できることだ」。また、次のようにも述べている。「この作戦は恐らく大失敗に終わるだろうが、我々はこれをやり遂げなければならないと思っている」。

しかし、事態はさらに悪化した。一九一四年一一月一八日、フォン・ファルケンハインは首相に対して、「ロシア、フランス、イギリスが手を結んでいるかぎり、我々が勝利を収めることは不可能だ」と言った。実際、フォン・ファルケンハインは、それぞれと個別に講和を結ぶことを望んでいたが、三つの同盟国がドイツに対して統一戦線を維持することを定めた一九一四年九月のロンドン条約により、それが不可能になっていることを認識していた。この時のドイツ政府首脳部の心理を説明するのは難しい。一方では、このまま押し進めても無益な破滅につながる可能性があることを把握しながら、他方では、それを率直に認める気概を持たなかったのである。ドイツのイギリスに対する憎しみがそれを許さなかったのであろう。

ドイツの政策が反イギリス的であったことは強調してもし過ぎることはない。実際、一九一四年から一八年にかけてのドイツの戦争目的の中心は、イギリスとその帝国の破壊であり、それゆえ、大洋艦隊〔ドイツ海軍主力の大洋艦隊の意〕の建設に熱狂的なエネルギーと富が費やされたのである。主要な政治家や知識人は、ドイツをヨーロッパではなく世界の大国となる野心の確立へと導く、歴史の大きな転換点に立っていると考えていたのである。世界はついにイギリスの通商と知的な凡庸さから解放され、その代わりに豊かで啓発的なドイツの文化的遺産が打ち立てられることになるとみなしていたのである。このように、イギリスへの対抗意識は、フランスに対する敵意と同様に、ドイツの戦争計画を推進する原動力となった。

このような考えはすべて、戦争が始まるとまもなく、政府の公式政策のなかで具体的に表現されるようになった。一九四五年以降にベルリンの公文書館で初めて発見された「九月計画」と呼ばれる文書には、ドイツ政府の長年にわたる目標が詳細に示されている。実際この文書には当時各省に配布された多くのメモがまとめられており、その内容としては、ロシアとその東方の帝国を完全に破壊すること、同様にフランスを粉砕し、東方のフランス領土の大部分を占領して、同国が再び工業大国として台頭できないようにすること、ベルギーを永久に占領し、とくに英仏海峡に大きな海軍基地を持つことで、そこからイギリスを威圧するといったことが書かれていた。オランダは海外領土を持つゲルマン民族国家であり、ドイツと特別な関係にあった。具体的には、オランダ領東インド（現在のインドネシア）をドイツ海軍に提供することで、イギリスの太平洋覇権やインドを抑えるための強力な海軍基地を建設できるようにしたのである。アフリカにおかれたフランス、ベルギー、ポルトガルの植民地はドイツ政府に割譲され、アジア太平洋地域のフランス植民地もそれに続くという、いわゆる「ミッテル・アフリカ」構想が打ち出されたのであった。

戦時中の外交

一九一八年、ロシアがブレスト＝リトフスク条約で敗れたあと、トロツキー、レーニン、ボリシェヴィキ革命によって、「ミッテル・オイローパ」（中欧）構想が一時期実現したことは忘れてはならないであろう。ドイツはバルト海から黒海までの全領土を占領し、ロシアからクールラント、ポーランド、ウクライナなどの西方植民地を奪った。そして、これらの国の王位には、東ドイツ諸侯家の王子を就かせることになった。この条約は、ドイツの戦争計画がまとまった場合のヨーロッパの将来像を具体的に示しており、その意味で歴史的に重要なものなのである。

ルーデンドルフの最後のギャンブル

ブレスト＝リトフスク条約の締結後、ドイツの高位高官らは有頂天であった。彼らは今や、西側の連合軍に勝利するだけでよかった。そして、これは西部戦線に展開するために東部から移した巨大な増援部隊が行動を起こし、ほぼ成功を収めた一九一八年春からの大規模な攻勢を説明するものである。一九一八年三月二一日、通常は五日間かかるところを五時間というかなり短い時間で砲撃したあと、一六〇万人のドイツ兵が六〇キロメートルに及ぶ前線で五回にわたって連合軍の防衛線を攻撃した。そして、彼らはそれを突破したのであった。五日間で一部のドイツ軍は六〇キロメートル以上も前進し、フランドルでは補完的な攻撃が成功した。ドイツ軍はイギリスとフランスをほぼ英仏海峡まで追い詰めた。連合軍は壁に背を向けて戦っていたのである。次に起こることは予測がついた。ドイツ軍は再び援護と補給を失いはじめ、これら五つのドイツ軍の侵攻地点のそれぞれで、激しい抗戦に遭遇することになった。エーリヒ・フォン・ルーデンドルフ将軍は、これがドイツにとって戦争に勝利する最後のチャンスであると考え、七月に第二次マルヌ会戦で最後の総攻撃を命じた。しかし、これは撃退された。フランス、イギリス、さらに一九一七年四月に参戦したアメリカが反撃に転じ、ルーデンドルフのフランドル大攻撃計画は頓挫した。そして、新たにフランスから連合国軍総司令官に就任したフェルディナン・フォッシュが今後数ヵ月間の主導権を握ることを可能にしたのであった。

ドイツ軍はアミアンの戦いで連合軍のフランスでの足場を崩そうと無益な試みを行ったが、オーストラリア軍がサン・カンタンでの重要な突破口に用いられ、八月八日はドイツ軍にとって最も忌まわしい一日となった。それ以来、ドイツ陸軍は後退を続け、ついに将軍たちは休戦を呼びかけ、一九一八年一一月一一日午前一一時、休戦協定に調印した。ドイツ海軍は休戦後、ベルギーとフランスの占拠中の領土をドイツ陸軍が維持できると考え、イギリスからの援軍を阻止するために英仏海峡に侵入することを決定したが、戦いに勝利することはできなかった。この提督たちの動きが、逆に一一月一五日のドイツ革命を引き起こすことになった。兵士たちは、将校団とドイツの政権幹部らの不可能な夢のために犠牲になるのはもうたくさんだとして、ついにそれを拒絶したのであった。そこで勃発したのが「一一月革命」であり、皇帝とすべての王子が退位することになった。革命の結果、さまざまな当事者による冗長な交渉の末に選挙が要請され、一九一九年一月に実施された。共和制憲法のもとにおかれた新政府は、サラエボでの運命の日から五年目にあたる一九一九年六月二八日にヴェルサイユ条約に調印せざるを得なくなったのである。

3　連合国の戦争目的

民主主義にとって安全な世界

第一次世界大戦の初期には、明らかに原理原則が欠如していた。イギリスは、なぜドイツと戦わなければならないのか疑問を抱いていた。一九〇八年、デービッド・ロイド・ジョージ首相は、イギリスのドイツに対する一般的な見方を表明した。

ヨーロッパの真ん中にドイツがあり、その両側にはフランスとロシアがあり、両軍を合わせるとドイツ軍の規模を上回る……。我々は怖れることなく、武器を造らず、そして武装せずにいられるであろうか。

イギリス政府が参戦したのは、正確にはドイツがベルギーの中立を破ったことに対応するためであったが、もともとの一八三九年のロンドン条約では、いずれの行動をとるかは締約国の自由だとされていた。厳密に言えば、イギリスはドイツに対して参戦する義務はなかったが、戦争をすることは選択肢として正当なものであった。しかし、この程度では世界大戦を正当化するにはまったく不十分であった。ロイド・ジョージはこのことを十分承知していたので、ポーランドの独立とオーストリア＝ハンガリーの諸民族の自治にまで戦争目的を拡大しようとした。何よりも、この戦争は公正で永続的な平和を確実にするものでなければならない。しかし、連合国を戦争へと結集させるための高邁《こうまい》な理想と栄誉ある目標を提供したのは、アメリカのウッドロー・ウィルソン大統領であった。一九一七年四月、彼はアメリカ合衆国議会で行った戦争演説のなかで、戦うための根拠を明確な言葉で詳述している。

世界の究極の平和のために、そしてドイツ民族を含む諸民族の解放のために、大小さまざまな国家の権利と、あらゆる場所で人々が自らの生き方や、何に対して誠意をもって務めを果たすかを選択する特権のために、今、偽りのない事実を目にして我々は喜んで戦いに臨むのである。世界は民主主義にとって安全なものにならなければならない。我々は利己的な目的のために行動することはない。我々は征服も支配も望んでおらず、人類の権利の擁護者の一人に過ぎないのだ。

そして、まだ続きがある。

ウィルソンは、その鋭い感性で歴史の流れを見抜き、責任と自由、そして何よりも平和の新しい時代の到来を予感したのである。国際連盟は、この新しい時代のための新しいツールとなるはずであった。それは、民主主義国家のパートナーシップであり、名誉の同盟であり、見解の一致する同盟であった。しかし、ウィルソンは、戦争の犠牲と無縁ではいられなかった。

この偉大な国民を戦争に、数ある戦争のなかでも最も恐ろしくて悲惨な戦争に、文明そのものが天秤《てんびん》にかかっているかのように導くことは、恐るべきことである。しかし、その権利とは平和よりも尊いものなのだ……。

アメリカ外交の偉大な出発には、それなりの代償が支払われることになるのであった。

一四ヵ条

連合国の戦争目的は、一九一八年一月に議会に提出されたウィルソンの「一四ヵ条」によって決定された。そのなかで強調されたのは、開かれた外交、海洋の自由、通商条件の平等、軍備の縮小、植民地に関する請求権の調整、ロシア、ベルギー、アルザス＝ロレーヌ、ルーマニア、セルビアからの撤退、海へのアクセスを持つ独立ポーランド国家の樹立などであった。このなかで最も重要なのは、その最後において、諸国家の独立を確保するべく諸国家による全般的な連携の結成を明記した点である。ウィルソンは戦争目的を明確にするのと同時に、講和の条件を明確にするために、これらの原則を提示した。ドイツは休戦に同意する際に、この原則を受け入れた。しかし、連合国側は受け入れなかった。イギリスは海洋の自由の原則を否定し、フランスは損害賠償を要求した。一方、一九一八年一一月、全米議会選挙で共和党が勝利し、ウィルソンは国内での支持に打撃を受けることになった。

国内外からの非難を受け、ウィルソンは妥協せざるを得ないと考えた。たとえば、イタリアがオーストリア・チロルを占領するのを許し（ただし、イタリアのフィウメに対する要求は阻止した）、シレジアとポーランド回廊をポーランドに与え、日本が山東のドイツ領を奪取するのを容認したのである。

彼は、フランスによるライン川の永久占領を防いだ一方で、ドイツ帝国の戦利品を分割する秘密条約には目をつむった。ウィルソンは国際連盟の結成を確実にするために、一四ヵ条の規定を犠牲にすることも厭《いと》わなかったようである。ヴェルサイユ条約の欠点が何であれ、ウィルソンはそれが連盟によって是正されると確信していたのである。皮肉なことに、ウィルソン自身の政府、すなわちアメリカ合衆国上院は、最終的にアメリカの連盟への参加を阻み、それによって、大国間の駆け引きに代わる、普遍的な原則に基づく恒久平和の新時代へのウィルソンの希望も失われてしまったのである。

また、ロイド・ジョージはドイツを罰せよとの自国民からの圧力に屈した。ウィンストン・チャーチルは、のちにロイド・ジョージの状況をこう振り返っている。

首相とその主要な同僚たちは、有権者の情熱に驚かされ、時に圧倒された。何事にも動じない勇敢な国民が、あまりにも多くの苦しみを味わったのだ。彼らのやりきれない思いは、大衆紙によって怒りに変えられた。身体に障害を負い、手足を失った兵士たちが街路を陰鬱《いんうつ》なものにしていた。帰還した捕虜は、拘束と窮乏の苦難の物語を語った。どの家にも誰も座っていない椅子があった。打ち負かされた敵に対する憎しみと、その正当な処罰に対する渇望が、深く傷ついた何百万人もの人々の心からわき上がってきたのだった。

しかし、ロイド・ジョージはウィルソンほどにはドイツ軍に同情的ではなかった。何といっても、イギリスでは三〇〇万人以上の死傷者（うち一〇〇万人弱死亡）が出たのに対し、アメリカ合衆国では三〇万人強の死傷者（うち一一万五千人死亡）に留まったためである。ウィルソンの民族自決の呼びかけに背き、イギリスとドミニオン［カナダ、オーストラリアなどのいわゆる自治領］、そしてフランスは、戦後にドイツの植民地を分割してしまった。ウィルソンには、植民地国が連盟に年次報告を行う委任統治制度をなんとか獲得することぐらいしかできなかった。
重要なのは、ロイド・ジョージがフランスの要求ほどには踏み込まなかったことであった。アメリカとフランスの指導者に宛てた書簡（フォンテーヌブロー覚書と呼ばれる）のなかで、ロイド・ジョージは、後者に向かってではあるが、大勢のドイツ人を抱える新しい国家の創設に警告し、戦争をした世代を超える賠償金の支払いを継続することには反対した。「我々のやり方が厳しいのは確かだ」と彼は言った。

それらは過酷で、無慈悲なものでさえあるかもしれないが、同時に、それを課された国が文句を言う資格はないと心のなかで感じるほど、きわめて正当なものであるかもしれない。しかし、勝利した時に見せつけられた不正義や傲慢《ごうまん》さは、決して忘れられたり、許されたりすることはないであろう。

これがフランスの思考にどれほどの影響を与えたかははなはだ疑問である。

4　パリ講和会議——開戦責任と賠償

フランスの報復

パリ講和会議では、「虎」ことジョルジュ・クレマンソーが代表を務めるフランスが、列強のなかで最も執念深い存在であった。アメリカ、イギリス、イタリア以上に、フランスは戦争で壊滅的な打撃を受けていた。フランスは、一三八万五千人の死者を含む四〇〇万人以上の犠牲者を出した。しかも、フランスがドイツに攻撃されたのは、これが初めてのことではない。フランスには、まだ普仏戦争（一八七〇〜一年）で打ちのめされた時の傷跡が残っていた。その後の和平交渉で、ドイツがフランスに巨額の戦争賠償金（五〇億金フラン）の支払いと境界線上の領土であるアルザス＝ロレーヌの放棄を要求したことは、よく知られているところである。したがって、第一次世界大戦でフランスが勝利したあと、クレマンソーは当然のことながら、復讐のためにドイツを軍事的、政治的、経済的に崩壊させ、ドイツが再びフランスの脅威となるのを阻止しようとしたのであった。

結局、ヴェルサイユ条約に最も影響力を行使したのはフランスであった。フランスはアルザス＝ロレーヌを奪還し、石炭資源の豊富なザール地方の経済的支配を獲得したが、一九三四年に国民投票が行われるまで、国際連盟は旧ドイツ領の政治的支配を維持することになった。

フランスはまた、フランス国境沿いの工業地帯であるドイツのラインラントを一五年間にわたり占領した。ポーランドとドイツをつなぐ三つの州は、新たに再建されたポーランドに割譲された。連合国はまた、連合国から離脱して単独講和を宣言したロシアから土地を取り上げ、新たな国家を形成した。しかし、ほとんどの場合、条約の起草者たち（図6）は、各地の民族自決の要求に配慮した。

しかし、敗戦国ドイツはそのような配慮を受けることはなかった。条約はダンツィヒ港をドイツから切り離して国際連盟の「自由都市」とし、ポーランドが海にアクセスできるようにした。また、

図6　ヴェルサイユの四人組（1919年）。左からデイヴィッド・ロイド・ジョージ、イタリアのヴィットリオ・オーランド、ジョルジュ・クレマンソー、ウッドロウ・ウィルソン

オーストリア、あるいはハプスブルク帝国の崩壊後に残された領域がドイツと合邦することをはっきりと禁じたのであった。そして、敗戦国からすべての植民地を剝奪した。ドイツは重火器、空軍、一〇万人以上の兵力を持たないこととされた。最後に、この当時最も議論を呼び、また将来的にも重要な意味を持つこととして、フランスとイギリスはドイツに対して、年金などの二次的費用を含む戦費の全額を賠償金として徴収したのである。その金額は算出が困難であったため、連合国は正確な金額を明らかにしなかったが、ドイツが厳しい賦課を受けることに疑いの余地はなかった。手始めに、ドイツは連合国にそのすべての商船、外国に所有するすべての私有財産、そして多額の現金と金塊を差し出すことになった。

開戦責任　巨額の賠償金を要求する正当な理由として、また、万一見落としがあった場合に備えて、連合国は条約に賠償条項を盛り込んだ。第二三一条はこうである。

連合国及び連合国政府は、ドイツ及びその同盟国の侵略により連合国及び連合国政府並びにその国民が受けた戦争の結果として生じたすべての損失及び損害について、ドイツ及びその同盟国の責任を認め、ドイツはこれを受諾する。

これは、戦争にさまざまな原因があったとしても、またドイツ国民が皇帝［カイゼル］を否定し議会制民主主義を確立したのにもかかわらず、歴史上最も破壊的な戦争の責任は、ドイツ国民だけが負うべきものである、とするものであった。

ヴェルサイユ条約が調印される前から、イギリスでは少数の反対派がこの条約に異を唱えていた。労働党や無所属の政府野党は、この条約をきわめて政治的なものだと批判した。労働党の議員のなかには、ドイツの労働者階級とのつながりがある者も多く、基本的にこれを懲罰的な条約であると考え、批判したのである。より重要なのは、元大蔵省官僚でパリ講和会議代表であったが、条約の持つ経済条項に抗議して辞職した経済学者ジョン・メイナード・ケインズ（図7）が一九一九年に発表した雄弁かつ辛辣な批判であった。ケインズは『講和の経済的帰結』のなかで、条約とその策定者達を糾弾《きゅうだん》している。ロイド・ジョージには最も好意的で、彼は、節度をわきまえるのが遅すぎたと述べている。一方、ウィルソンについては、「情報に疎く」「鈍重で順応性がない」哀れな人物と評している。ケインズは、「彼には計画がない」「ホワイトハウスから叫んだ命令を生きたものにする計画も建設的なアイデアもない」と不満を漏らした。しかし、ケインズは、ヨーロッパの問題を「永遠の賞金争奪戦であり、フランスはこのラウンドでは勝利したが、これが最後のラウンドでないことは確かだ」と考えていたクレマンソーに対して、最も強い軽蔑の念を抱いていた。ケインズによれば、このフランスの指導者は、戦時中の敵国への復讐以上に、政治的、経済的な競争相手の実質的な破滅を求めていた。「彼は問題を、人類や新しい秩序に向かって奮闘するヨーロッパ文明という観点ではなく、フランスとドイツという観点から見ていた」のである。しかし、ケインズにとっては、まさにそれはヨーロッパの未来がかかっていることにほかならなかった。

図7　ジョン・メイナード・ケインズ

　ケインズの議論の矛先は、とくに条約の賠償条項に向けられていた。彼は、この条約で賠償金の額が決まっていない事実を問題視していた。彼は、条約に白紙委任状が盛り込まれたことは一度もなかったと述べている。

> ドイツは植民地、海外とのつながり、商船、外国の財産をほとんど完全に失い、領土と人口の一〇%、石炭の三分の一、鉄鉱石の四分の三を割譲させられたうえ、働き盛りの男性に二〇〇万人の死

傷者が出た。四年間にわたる国民の飢餓、膨大な戦時国債の負担、通貨価値の七分の一以下への下落、同盟国とその領土の崩壊、国内での革命と国境でのボルシェビズム、そして四年間の徹底的な戦争と最後の敗北による、計り知れない戦力や希望の喪失によって、戦前のドイツを基準にした毎年の対外賠償能力に影響を受けていることは明らかである。

しかも、ケインズは、ドイツからの多額の賠償金の見積もりは、ドイツが将来、過去に行ったよりもはるかに大きな貿易を行うことが可能であるという誤った仮定に基づいていることを指摘している。

ケインズはまた、イギリスがこれほど広く定義された賠償金を徴収したことがいまだかつてなかったことにも懸念を抱いていた。条約によると、賠償委員会は、一九二一年五月までにあらゆる形態（現金、資産、原材料）でドイツから五〇〇億ドルを獲得する権限を与えられていた。ケインズは、「この規定は、賠償委員会が当該期間中に、ありとあらゆるドイツの財産に対して独裁的な権限を委託される効果を持つものだ」と抗議した。しかし、これは連合国に対する膨大かつ非現実的な賠償金の支払いの第一段階に過ぎないようであった。かつて大蔵官僚であったケインズは、この条約の結果、ドイツが深刻な経済不況に陥ることも予測していた。何百万人もの人々が失業し、連合国の講和計画によってワイマール共和国の経済が圧迫され、多くの人々が命を落とすだろう、と。実際、ケインズには、平和の推進者たちが意図的にドイツを破壊しようとしているように思えた。「条約の経済条項は包括的であり、現在のドイツを困窮させ、将来の発展を妨げるようなものは、いささかも見過ごされることはなかった」。最後にケインズは、ドイツの運命はヨーロッパの運命と絡み合っており、ドイツが機能不全に陥れば、ヨーロッパ経済全体にも影響が及ぶという事実に注意を喚起した。彼の公言する見通しは、「非効率的で、失業し、無秩序なヨーロッパが、内紛と国際的憎悪に引き裂かれ、戦いと飢え、略奪と偽りを伴って、我々の前に姿を現している」という厳しいものであった。

誤り

彼の主張は誇張され、のちに修正されることになったが、ケインズはイギリス世論の流れを変えた。彼の著書は、最終的に、条約と戦争そのものの正当性に対するイギリスの信義を毀損《きそん》し、講和条件に対する反対運動の奔流《ほんりゅう》を呼び起こした。かつて勝利の歓喜と復讐心を感じていたイギリスは、自分たちがもたらしたものに対して恐怖と罪悪感を抱くようになった。イギリスは、この条約によって自分たちが経済的な苦境に立たされることを恐れていた。さらに、イギリス政府はドイツよりも潜在的に危険な新しい敵、ソビエト連邦に関心を抱くようになった。この条約が施行されれば、ドイツはボルシェビキの軍門に下ることになるかもしれないと、イギリスは心配した。さらに、イギリス国民の多くは、この条約に対して道義的なひけめを抱いていた。ケインズは、ドイツから領土を奪う一方で、戦費の賠償を要求することに対して、彼らに不安を与えていたのである。戦争で荒廃した国に、このような苦難を強いることは正しいことなのか。イギリス人は伝統的にはもっと寛容であった。フランスの執念深さに触れ、ドイツに同情的な人々も多くいた。もちろん、ドイツ側はこの感情を利用しようと、イギリスで大規模なプロパガンダキャンペーンを展開した。これには一定の効果はあったにせよ、ただでさえ強かった講和条件の道徳性に関する懸念をさらに深める結果となった。そして一世代も経たないうちに、フランスの多くの人々でさえもこれと同じ結論に達したのである。

条約の具体的な内容以上に、開戦の責任はドイツにある、という講和の基本原則が、ますますイギリスの人々の心を動揺させていった。多くの人々が、戦争はドイツやほかの国が引き起こしたのではなく、すべての関係国による自発的な行動によって生じたものだと考えていたのである。ヴェルサイユ条約の交渉から一四年後、デービッド・ロイド・ジョージは、第一次世界大戦は誤りであったと述べた。

私は、あらゆる方面から入手可能なすべての文書を注意深く読んだ結果、ドイツ皇帝は自分がヨーロッパ戦争に突き進む、あるいは巻き込まれるとは微塵《みじん》も考えていなかったと確信している……彼は費用のかかる戦争ではなく、安価な外交的勝利を期待していたのだ。

結局、交渉はその舵取りに携わったすべての人によって失敗に終わったのである。元首相にとっては、「戦争はすべきだったが、それを回避することもできたはずだ」ということになる。一九三七年までにはヨーロッパはもちろん、アメリカでさえもこの意見に反対する者はほとんどいなくなった。外交は失敗したのだ。

第一次世界大戦の外交史は、二〇世紀に大きな足跡を残した。西側の政治家、政策立案者、外交官はヴェルサイユ体制の幻滅と宥和政策の愚かさを経験し、世界恐慌のなかで苦闘し、共産主義、ファシズム、ナチスの台頭を目撃し、一九三八年のミュンヘンで、西側がヒトラーにチェコスロバキアを明け渡したことにたじろいだ。ヒトラーとイギリスのネヴィル・チェンバレン首相によるミュンヘン会談は、首脳外交の見事なまでの失敗となった。対照的に、第4章で扱う一九四四年一二月のモスクワでのソ連指導者のヨシフ・スターリンと、イギリスのウィンストン・チャーチル首相との首脳会談は大成功を収め、行動する外交の最高の事例となった。

第4章　スターリンとチャーチルがヨーロッパを分割した夜

1　チャーチルとスターリンの密約

第二次世界大戦の外交を彩る多くの魅力的なエピソードのうち、一九四四年秋にモスクワで開かれた英ソ会談（英コードネーム「トルストイ」、第四回モスクワ会談）でウィンストン・チャーチル首相とヨシフ・スターリン元帥が取り決めたバルカン半島での行動圏に関する秘密協定［パーセンテージ協定］ほど、研究者の関心を引き付けたものはないであろう。それは、一〇月九日の夜更けのことであった。一九四三年のテヘランでの三巨頭会談（図8）以来のスターリンとの邂逅《かいこう》で、チャーチルは「今こそ好機」とばかりに、ソ連の独裁者に「我々のバルカン半島の問題を決着させよう」と権力政治のシンプルな言葉で訴えかけた。具体的には次のように言った。

我々にはあそこに利害関係があり、使命があり、代理人がいる。だからこそ、些細《ささい》なところですれ違いが生じないようにしなければならない。そこで、イギリスとロシアに関するかぎり、あなた方がルーマニアで九〇%の影響力を持ち、我々がギリシャで九〇%の発言権を持ち、ユーゴスラビアについては五〇%ずつというのはどうだろうか?

これが通訳されていた時のこととして、イギリスの指導者は回顧録のなかでこう回想している。

私は半紙にこう書いた。

ルーマニア

ロシア　九〇%

図8　テヘランでの三巨頭(1943年)。左からスターリン、フランクリン・D・ルーズベルト、チャーチル

その他　一〇%

ギリシャ

イギリス（アメリカ合衆国と合意）　九〇%

ロシア　一〇%

ユーゴスラビア　五〇-五〇%

ハンガリー　五〇-五〇%

ブルガリア

ロシア　七五%

その他　二五%

その夜、クレムリンにおける少人数の集まりで、スターリンは通訳に聞き入っていた。ようやく話を理解したスターリンは、少し間《ま》をおいて、「青鉛筆を手に取り、この文章に大きな印を付けて、私たちに返した」のである。こうして、チャーチルは「書き留めるほどの時間はかからずにすべてが解決した」と結論づけた。ハンガリーとブルガリアにおけるソ連の優勢は、アンソニー・イーデン外相とヴャチェスラフ・モロトフ外相がブルガリアの停戦論争がもつれるなかで二回の追加会合を開き、八〇%/二〇%というわずかな変更を加えただけで、当初の合意がそのまま維持された、あるいはそうであるものとして受けとめられた。

ロンドンに戻ったチャーチルは、バルカン半島に関するかぎり、スターリンと完全な合意に達することができたと、自信満々に庶民院で報告した。さらに、こうも付け加えた。

私は、ギリシャ、ルーマニア、ブルガリア、ユーゴスラビア、およびバルカン半島を越えたハンガリーで、政策やドクトリンが異なるために、我々の統一された戦争の努力が弱められるような危険は何も存在していないと考えている。我々はこれらの国すべてについて、単独でも合同でもあらゆる努力を集結させ、共通の敵に対して我々と協調し、可能なかぎり平和的解決を図るという目的のもとに、非常に優れた協力的な関係に到達している。

バルカン半島の分割案は、一九四五年二月のヤルタ会談において、あるいは第二次世界大戦の残りの期間中に公式に提起されることはなかったというのが定説であるが、歴史家たちは、戦時中の会談のなかで最も重要なトルストイ会談で成立した個人外交の意義について議論を続けている。

2　ソ連との独自交渉

チャーチルの「スターリンとの個人的な再会の必要性」

一九四四年一〇月、バルカン半島の合意を求めてチャーチルがモスクワに向かったのはなぜであろうか。この旅に出る決断をしたチャーチル首相自身の説明について、理由を疑う学者はほとんどいない。一九四四年六月にナチス占領下の西ヨーロッパへの侵攻を成功させた連合軍の作戦（「オーバーロード」）の余波と、ブカレストの占領とブルガリアへの宣戦布告を目撃した一九四四年夏のソ連の攻勢を背景に、まもなく休戦という時、チャーチルは「一九四三年のテヘラン以来会っておらず、ワルシャワの悲劇にもかかわらず、「オーバーロード」の成功以来、新たなつながりを感じているスターリンと、もう一度個人的に会う必要を感じていた」。

さらにチャーチルは、「夏に大統領と行った、軍の行動に影響を受ける特定の国々（ギリシャとルーマニア）の管理について、我々（英ソ）の責任を分担するための取り決めは、この三ヵ月の取り決められた期間を乗り切ることができた」が、この協定は再び検討し直すべき段階に来ていると述べた。最初のバルカンにおける協定と呼ばれるものは、五月初旬に、ロシアをその場に留めるために何か対策を講じなければならないというイギリスの指導者（チャーチル）の懸念から始まったのであった。五月四日、チャーチルは外相のイーデンに「私自身よくわかっているわけではないが、明らかに、イタリア、ユーゴスラビア、ギリシャにおける共産主義者の陰謀に関してロシアと決着をつけなければならない状況に近づいている……彼らの態度は日ごとに厳しくなっていると言わざるを得ない」と打ち明けた。当初、チャーチルは外相に対し、「イタリア、ルーマニア、ブルガリア、ユーゴスラビア、そして何よりもギリシャで進行している、我々とソ連政府とのあいだの重大な問題について、内閣および場合によっては大英帝国会議に向けて、簡潔に説明する」文書を起草するよう要請していた。

チャーチルにとって、この問題ははっきりしていた。「バルカン半島、場合によってはイタリアの共産主義化を黙認しようというのか」。六月七日に戦時内閣に提出されたこの文書は、「ギリシャとトルコでの地位を固めることによってバルカン半島におけるわが国（イギリス）の影響力を集中させ、ユーゴスラビア、アルバニア、ルーマニア、ブルガリアにおけるロシアの影響力に直接挑戦することは避けつつ、これらの国にイギリスの影響を広めるためのあらゆる機会を利用」すべきことを示唆していた。この文書が起草されているあいだにも、イーデンはバルカン半島の基本ルールを確立するために、ロンドンのソ連大使を探しまわっていた。

五月五日、チャーチル懸案の文書が作成された翌日、イーデンはグセフ駐英ソ連大使を呼び出し、次のように持ちかけた。

現実的な問題として、ルーマニアの問題は主にソ連政府が関与することとし、ギリシャの問題は主にイギリスが関与すること、英ソ両政府がそれぞれの関与する国で他方を支援するということでうまく合意できないか。

それから二週間も経たないうちに、ソ連はこの提案に前向きな返事を出したが、イーデンから駐ソ連イギリス大使に宛てた公電には、次のような記述があった。

この問題について最終的な保証を与えるのに先立って、ソ連は我々がアメリカ政府と協議したかどうか、またこの取り決めにアメリカ政府も同意したかどうかを知りたいと考えている。もしそのようなことがあれば、ソ連政府は最終的に我々に肯定的な答えを出す用意があるはずだ。

イーデン外相の最後の発言は示唆に富んでいる。

私（イーデン）はこの件に関して合衆国政府と協議してこなかったはずだが、いずれ協議する準備は出来ていると言った。彼らが反対するとは考えられなかった。結局のところ、この問題はまさに我々の両軍の軍事作戦に関係していたのだ。ルーマニアはロシア陸軍の、またギリシャは地中海のウィルソン将軍率いる連合軍司令部の管轄下におかれていた。したがって、ルーマニアではソ連が、ギリシャでは我々が主導権を握り、それぞれが他方を支援するのが当然であった。

アメリカへの打診

旧ウィルソン派のコーデル・ハル米国務長官が、ヨーロッパを分裂させたり、その一部を勢力圏として分割することに真っ向から反対していたことは周知の事実であった。そして、一九四三年末にモスクワで開かれた外相会議から戻った際に議会で述べた彼の見解を言い換えれば、それは「過去に各国が自国の安全を守り、利益を促進しようとした特別な取り決めのようなもの」であり、イーデン自身がどうしてアメリカ人を味方にしようと考えたのか想像もつかないほどであった。こうなると、クレムリンが意図的にイーデン外相を罠にはめたと考えたくなるのも頷《うなず》ける。

いずれにせよ、イギリスのハリファックス大使［ハリファックス卿、エドワード・ウッド駐米大使］は五月三〇日にハルを訪ね、この問題を切り出した。ハリファックスは、イーデンがすでにソ連と話し合っていたことを隠し、この提案を外務大臣の「独自の考察」の成果であるとし、「ロシアがルーマニアを、イギリスがギリシャを支配するような英露間の協定についてアメリカはどう思うだろう」と質問した。ハルは、この問題に真剣に取り組むことを約束したものの、「我々の政策、原理原則および慣行についての広範な基本宣言に合致する固定した規則と政策」を放棄するという考えには、深い留保を示している。ハリファックスのハルとの会談報告を受ける前に、イーデンは国務省での困難はないものと考え、外務省からハルへの申し入れを「後押し」するべく、ルーズベルトに個人的メッセージを送るようチャーチルに要請した。この段階で、チャーチルとイーデンは互いの意見を交わしたが、少なくとも一部のアメリカ人のあいだでは、バルカン半島におけるイギリスの政策の真の目的について深刻な疑念が広がっていくことになった。

3 ルーズベルトへの説明

明らかになった秘密

「バルカン諸国、とくにギリシャに関して、最近、我々とロシアとのあいだに不穏な気配が漂っている」と述べたあと、チャーチルはフランクリン・D・ルーズベルトに次のように伝え、諺《ことわざ》にもあるように、秘密を漏らしたのである。

(我々は)そこでソ連大使に、現実的な問題として、ルーマニアの問題についてはソ連政府が主導し、ギリシャの問題については私たちが主導して、両国政府がそれぞれの国で他方を支援することで合意してはどうかと提案をした。

チャーチルはルーズベルトにこの提案を「是認」するよう要請する際、選挙を控えたルーズベルトにわざわざ次のように指摘した。

我々はもちろんバルカン半島を分割して勢力圏とすることを望んでいるわけではないし、この協定に同意するにあたっては、それが戦時にのみ適用され、和平調停時およびその後のヨーロッパ全体に関して三大国がそれぞれ行使しなければならない権利と責任には影響しないことを明確にしなければならない。

この主旨は、一週間後にハリファックスにも伝えられた。その間にハリファックスは、ホワイトホール［イギリス政府中枢の意］がソ連に最初に接触したことを隠した背景をイーデンに伝えた。「あなたがすでにこの件をロシア側に伝えたという事実を、私は意図的に公表しなかった」と彼は六月五日にイーデンに電報で伝えた。なぜなら、「そのほうがアメリカ人を味方につけることができると思ったからである」。さらに、彼はこう諫《いさ》めた。

あなたや首相が何かを感じ、また明らかに緊急の必要性が生じるかもしれないが、あなたが私にハル氏と何かを取り決めるよう指示した場合、私がハル氏との進展を報告できるようになるまで、大統領という上級チャンネルを通じた行動は延期するのが賢明だと思われる。あなたが取ろうとするであろうさらなる行動は、より低いレベルでの三大国の和平調停とその後にヨーロッパ全体に関して行使するべき責任についてのやりとりを知ったうえでなければ、混乱と困惑を招く恐れがある。

その結果、ハリファックスはその両方を手に入れたのであった。

欧州局と近東局のあいだで若干の議論を経て、国務次官のエドワード・ステティニウスは、このファイルを国務次官補のブレッキンリッジ・ロングに手渡し、意見を求めた。その後数日間、ロングは否定的な返答文を準備し、六月一〇日、それはルーズベルトによってそのまま承認された。ルーズベルトはチャーチルに対し、自分の政府は「提案された協定には応じられない」とはっきりとした言葉で忠告した。アメリカ政府の立場は次のようなものであった。

簡潔に述べると、我々は、いかなる地域においても軍事的に責任のある政府が、必然的に軍事上の動向に必要な決定を行うことを承認する。しかし、そのような決定が提案された類の協定によって軍事分野以外にも自然に及ぶ傾向が強まるであろうことを確信している。我々の見解では、この協定は、貴国とソ連のあいだの不一致を際立たせ、協定を軍事的事項に限定すると宣言したにもかかわらず、バルカン諸国を複数の勢力圏へと分割する結果になることは明らかである。

その代わりに何を提供するのか。ルーズベルトはチャーチルに「我々は信じている」と穏やかに説いた。「望ましくない誤解を取り除き、排他的な圏域が広がる傾向を抑えるために、協議機関の設立に努めることが望ましい」。しかし、ルーズベルトとの特別な関係を壊す危険を顧みず、チャーチルは彼なりの強弁でこれに答えた。

「行動を起こす前に、すべての人がすべてのことについて相談しなければならないのであれば、行動は麻痺してしまう」と、彼は同じ日に電報を打った。バルカン半島の情勢は刻々と変化しており、事態は常にその変化を上回るであろう。それに加えて、「誰かが計画し行動する力を持たなければならない」。協議機関は「単なる妨げでしかなく、緊急時には常に、あなたと私、あるいはあなたとスターリンのどちらかが直接やり取りすることで事態を乗り越えられるだろう」。チャーチルは、ソ連軍がルーマニアの地に駐《とど》まって、「どうせ好き勝手やるだろう」という現実と、イギリスがギリシャに血と財を投じていることを説明し、ルーズベルトの慢心に対していくつかの質問を投げかけながら訴えた。「なぜこのような効果的な指示を、世界中に散らばらせた平凡な官吏たちの委員会に分け与える必要がある?」、そして「あなたと私は、その多くについて意見が一致しているのにもかかわらず、なぜこれを手中に収めておくことができないのだろうか?」と。結論として、チャーチルはルーズベルトに三ヵ月の暫定実施期間を設けるように提案したが、チャーチルはそれでも何もしないよりはましだと考えて、たとえ二ヵ月であってもきっと決着をつけたであろうと思われる。ルーズベルトはチャーチルの論理に心を揺さぶられたようであった。というのも、ルーズベルトは二週間以上も国務省に方針を転換したことを通知せず、「戦後いかなる勢力圏も確立しないことを明確にするよう注意しなければならない」という但し書きを添えて、チャーチルの提案を承諾したからである。チャーチルは、自分の説得の巧みさと、国務省の意見を覆したことを自画自賛していたに違いないが、それと同時に感謝の念を抱いたのであった。あとは、この情報をソ連に伝えるだけである。

ソ連への説明

六月一九日、イーデンはロンドンのソ連大使に宛てて、「アメリカ政府と現在協議中だが、彼らは提案された取り決めに同意している」と書いた。ただし、「彼らは、この協定が考案された当面の状況を超えて拡大し、バルカン諸国を勢力圏に分割することにつながるのではないか、と不安を感じている」と記している。こうした見通しは、「協定が戦時状況にのみ適用され、和平締結時およびその後のヨーロッパ全域に対して我々三ヵ国政府のそれぞれが行使しなければならない権利と責任に影響を及ぼすものではない」というイギリス政府の意図とは異なっていた。いずれにせよ、彼は不一致をほのめかすような言い方で締めくくった。

この取り決めが、考案された目的以上に拡大する危険を避けるため、私たちは合衆国政府に次のように提案し、これに彼らも同意してくれた。すなわちこの協定は三ヵ月間試行され、その後、我々三ヵ国の政府によって見直されることになっている。したがって、私はソ連政府がこの取り決めに基づいて協定の発効に同意してくれるよう希望する。

しかし、ソ連政府には別の計画があった。グセフ大使は七月八日、状況の変化、とくにアメリカが表明したある種の懸念に照らして、クレムリンはこの問題をさらに検討する必要があると考える、と答えた。さらに、七月一日には「ソ連政府は、この問題に対するアメリカ合衆国政府の態度について、より詳細な情報を得るために、同国政府に対して直接アプローチをとることが望ましいと考える」と付け加えた。モスクワはイーデンのはったりに挑んだのであった。

国務省はハルが復帰し、ルーズベルトが選挙戦の真っ最中であったことから、二週間後の七月一五日にソ連の要請に応え、「アメリカ合衆国政府が（バルカンでの）協定に三ヵ月の試行期間を設けて同意したというのは正しく、この同意は現在の戦争戦略を考慮してなされたものだ」と述べた。この特別な「最優先すべき考慮事項」についてはさておき、アメリカは次のように続けた。

提案された協定が、そのような取り決めの自然な傾向によって、実際にはバルカン地域をいくつかの勢力圏に分割することにつながるのではないか、という懸念を、モスクワ会談の決定から見ても不幸な展開であることから、これを世に公表したい。

4 アメリカの対応

合衆国の利益

これらの決定の結果として、アメリカの望みとして、いかなる構想上の措置であれ、連合国政府の政策を独立した行動によらず、協調路線に向かわせる努力を妨げるようなことは認められなかった。なぜなら、勢力圏を示唆するような取り決めは、すべての国がそれぞれの役割を担う、広範で一般的な安全保障システムの確立と効果的な機能に対して悪影響を与えざるを得ないからである。

それでも、ルーズベルトのこれまでの決意に敬意を表し、国務長官は、イギリスとソ連の行動が「平和の再確立の期間とその後、ヨーロッパ全体に関して三つの主要同盟国のそれぞれが行使しなければならない権利と責任」に何ら影響を与えないかぎり、三ヵ月の試用期間にとくに異論はないことを知らしめたのであった。そして最後に、この点を見逃す者がないように、アメリカは「この取り決めは、アメリカ合衆国政府や三大同盟国に関連するほかの政府の利益に影響を与えるものとして、直接的にも間接的にも有効ではない」と声高に主張した。さらに、この覚書には勢力圏に対して反対する意見に加えて、あまり高邁《こうまい》なものとは言えないものの、考慮しなければならない点もいくつかあった。

ルーズベルトの参謀長であったウィリアム・D・リーヒ提督は、一九四四年五月にハルに宛てた極秘書簡のなかで、英ソ協定案のような影響圏に反対する軍事論を数多く展開している。日記に「国際戦争を防ぐ目的で侵略者に対抗する以外は、いかなる国民にも政治体制を押し付けたり、ヨーロッパやアジアの政治的な違いを調整したりするために、アメリカの兵士や水兵を犠牲にするつもりはない」と記していたリーヒによれば、「世界的な紛争を防ぐための取り決めが完全に整う」までは、「三大国の連帯」を維持することが戦後の国益につながると述べた。さらに、予見可能な将来の世界的な紛争ではイギリスとソ連・ロシアが対立し、モスクワが大陸で圧倒的な軍事的優位に立つ可能性が高く、アメリカは現在、それに対してほとんど何らの対処もし得ないことから、アメリカは「そのような状況の発生を防ぎ、イギリス、ロシア、そして我々のあいだの相互協力の精神を促進するために最大限の努力を払い、あらゆる影響力を行使する」のが賢明であるとしている。

別の言い方をすれば、リーヒが言ったように、イギリスとソ連のあいだで戦争が起こった場合、それはおそらく大陸における領土問題が原因となるが、その場合、

アメリカはイギリスを守ることはできるかもしれないものの、現在の状況下ではロシアを倒すことはできない……アメリカが敗北したり、占領されたりするおそれはないが、勝てない戦争に巻き込まれることになる。

このような状況を避けようとすることは、新たな国際的事実の一つを認識することにほかならない。これまであまり知られていなかったが、当時のロシアの軍事力と経済力の驚異的な発展は、将来の政治的・軍事的な国際関係に画期的な影響を及ぼすことが確実視されていた一方で、当時、そのすべてをロシアの資源でまかなうには至っていなかった。

リーヒの指摘が勢力均衡政治に対する国家の公式姿勢を大きく覆すものであったかは疑問であるが、バルカン半島を含む戦後のヨーロッパ大陸の出来事に対するアメリカの影響力の限界を公に認めたという意味で、意義深いものであった。

フランクリン・D・ルーズベルトの難色

一方、ルーズベルト大統領は、イギリスが提案したバルカン半島の取り決めを処理する方法について、強い不満の意を表明した。六月二二日、ルーズベルト大統領はチャーチルへ電報を打った。「この問題がロシアに持ち込まれ、彼らが（この遅い時期に）我々が同意するかどうかを尋ねてきたあとに、あなた方がこの問題を我々に持ち込んだことに困惑したと率直に伝えるべきだと思う」と述べた。そして、外務省の「この提案は『ふとした発言から生まれた』もので、ソ連政府がそれを正式な提案に変えた」という説明を多少なりとも受け入れ、ルーズベルトは「こうした重要な事柄が今後このような風に発展しないようにする」よう要望した。チャーチルはすぐに返信し、ルーマニアで何かできるのはソ連だけであり、ギリシャの負担はほとんどすべてイギリスにのしかかっているという長年の指摘に加えて、ルーズベルト大統領が最近ポーランド人に関してスターリンに私信したことには何の不満もないと述べた。「なぜなら、私たちは全般的な命題と目的のために働いているとわかっているからで、ギリシャ問題における私の行動もそうであったと感じていただけるとよいのだが」と、彼はルーズベルトに請け合った。

ルーズベルトの政治的直感に訴え、チャーチルは次のように認めた。「ギリシャ国王がおそらく退位を余儀なくされ」、共産主義者主導の「恐怖支配が行われる」ような事態に対して、私が外交政策でおなじみの緩やかな左傾化という一般原則に則って放置することはきわめて簡単である。したがって、そのような事態を防ぐ唯一の方法は、モスクワが共産党に「全力で突き進む」後押しをしないよう説得することだ、と。このような状況下で、チャーチルは「私はロシア側に、より適切な戦争遂行のための一時的な協定案を持ちかけた。これはあくまでも一つの提案であって、同意を得るためにあなた方の照会が必要であった」と締めくくった。ルーズベルトはこのメッセージを理解したようで、数日後、チャーチルに「我々は双方とも、今現在、当分の間それが好都合であることに同意している方向に対して、不注意にも一方的な行動を起こしてしまったようだ」と答えている。しかしながら、彼は「同盟国の戦争に関わる事柄については、常に一致していることが肝要である」とも明言した。この事件は幕を閉じたかに見えた。

数週間後、外相のイーデンから、クレムリンがバルカン半島分割の問題を「さらに検討」する必要があると判断し、実際にアメリカ合衆国に直接働きかけているという知らせを受けると、チャーチルは文字どおり激怒した。「これは一体どういうことなのか」と、彼は七月九日に外相に対して問うた。

ロシアとのあいだで解決したことが、アメリカ合衆国の学者然とした干渉によって台無しになり、また、ルーマニアとギリシャは［英米ソ間の］公電のトライアングルの体制の犠牲となり、アメリカ合衆国と我々はロシアのルーマニアに対する処置を妨害し、ロシアはＥＡＭ（ギリシャ民族解放戦線）を増強し、ルーズベルトはギリシャに関して親王政策を追求するなかで、我々はすべてのことをうまく進めなければならないというのか。もしそうであるならば、それは大惨事になるだろう。

翌七月一〇日、イーデンは、ギリシャとルーマニアに関する英ソ間の行動圏協定案が――外務大臣の言葉を借りれば――「決裂」したことを戦時内閣に報告した。

チャーチルは、七月一日のソ連からの問い合わせに対するアメリカ国務省の回答の真意を測りかねた。――「アメリカが三ヵ月の試行に同意したということなのか、それとも、またしてもすべてが水に流されてしまったということなのか」。そして、ソ連がギリシャ問題に干渉するという見通し、とくに七月下旬にロシア人将校の交渉団が予告なしに現地に派遣されたことにますます不安を覚えた。チャーチルとしては、バルカン半島の解決策についてソ連に再度働きかけるにあたり、戦争の流れが変わるのを待たなければならなかった。さらに、アメリカとの過去の経験に照らし合わせると、チャーチルが次にバルカン半島で手を打とうとするときに、「人間同士として話ができると考えていた」スターリンに直接アプローチすることになったとしても不思議ではない。しかしその時までに、そしてどこからどう見ても、五月の協定は死文化していたのであった。

ルーズベルトの承認

一九四四年一〇月には、チャーチルに好機が訪れた。春以降、戦争の状況は良くも悪くも根本的に変化していた。後者については、赤軍はルーマニアとブルガリアに強固な地位を築き、ユーゴスラビアとハンガリーに侵入したのはごく最近のことであった。同じ意味で、この地域におけるイギリスの影響力は大きく分けてギリシャとユーゴスラビアに限られていた。それは主に、これらの国のゲリラ組織との軍事連絡任務や、より規模は小さいながらも、ギリシャとユーゴスラビアの亡命政府の受け入れというかたちによるものであった。

チャーチルにとっての喫緊の課題は、戦争中に占領されたマケドニアとトラキアの一部、または全部をブルガリアが保持する可能性があり、それがギリシャにもたらす脅威であった。ブルガリアが連合国側についたからといって、ソ連が主導権を握っていることを考えれば、それは何の慰めにもならなかった。

だからといって、チャーチルが何の交渉力も持たずにモスクワに赴いたとは言えない。ロシアが南東ヨーロッパで大きな前進を遂げた一方で、西側諸国も目覚ましい勝利を収めていたからである。五月以降、第二戦線が確立され、パリとブリュッセルが解放され、ドイツの境界線が破られた。実際、大同盟の西側半分が、進撃する赤軍よりも先にベルリンに到達する可能性が出てきた。

さらに、チャーチルは、少なくとも一九四四年七月までは、大英帝国はアメリカ合衆国よりも世界各地で敵と交戦する兵士数で優っていると自負していた。一〇月四日、チャーチルはスターリンに公電を打ったが、一九四二年八月以来、もっと喜ばしい状況のもとでモスクワに戻りたいというのが、チャーチルの本来の心境であった。この時、チャーチルには、ソ連の偉大な指導者に対して一九四二年の第二戦線はもう存在しないことを知らせるという冷静な任務があった。チャーチルに残された大きな問題は、前年六月のハリファックスの言葉を借りれば、「いかにしてアメリカ人を味方につけるか」ということであった。予想どおり、チャーチルは第二回ケベック会議（九月一一〜一九日）とハイドパーク［米ニューヨーク州。ルーズベルトの私邸があった］で、友好的な関係を築いたばかりのルーズベルトに直談判することになった。土壇場になって、バルカンでの軍事作戦にアメリカが抵抗したのにもかかわらず、である。

九月二九日、チャーチルはルーズベルトに、イーデンとともにモスクワへの訪問を検討していることを伝えた。そして、この行動の二つの大きな目的として、「第一に、彼（スターリン）の対日参戦を阻止すること、第二に、ポーランドとの友好的和解を図ることが挙げられる。しかし、ギリシャとユーゴスラビアについては、ほかにも議論できる点がある」と説明した。さらに、誤解が生じないように、チャーチルは「あらゆる点について、我々はあなたに報告し続ける必要がある」と安心させた。チャーチルは数日後、ルーズベルトに対して、スターリンにこのミッションを承認したこと、そしてモスクワのアメリカ大使がこの会議に参加できることを伝えるメッセージを送るよう要請した。チャーチルは再びルーズベルトの承認を求め、ほぼそれを得ることができた。

リーヒ提督が作成し、ホワイトハウスがそのまま承認した回答案では、ルーズベルトはチャーチルに「幸運を祈るのみ」と伝え、モスクワ訪問が必要な理由を完全に理解しているとも述べた。ロバート・シャーウッドによると、この時点で大統領顧問のハリー・ホプキンスは「ルーズベルトがチャーチルに公電を送っていることを知り、ルーズベルトは実質的にこの問題（バルカン半島）から手を引いており、チャーチルにイギリスだけでなくアメリカのことも話させておけば満足だという意味合いが込められていた」ため、その公電を傍受し、送らないように指示した。もっとも、その決定はホプキンスがルーズベルトに電話をかけたあとになされたという。ホプキンスは、九月にモスクワから発信されたアヴェレル・ハリマン大使の「我々の善意の代償としてソ連に期待するもの」を明確にする時が来たという警告に加えて、チャーチルがバルカンの取引に傾倒していることが知られていることを敏感に察していた。このため、チャーチルやスターリンに曖昧なメッセージを送ることは間違いであり、ポーランド、バルカン、その他の論争の的になる問題に関しても、会談結果から政権を遠ざけるという逆の効果を生じる可能性があるとルーズベルトを説得した。選挙を一ヵ月後に控え、ドイツを厳しく罰するいわゆるモーゲンソー・プランで手痛い目にあったばかりのルーズベルトは、チャーチルとスターリンに別の種類のメッセージを送ることに同意したのであった。

一〇月四日、ルーズベルトはチャーチルにこう答えた。「我々三人が一堂に会する前に、あなた自身とジョーおじさん（スターリン）のあいだで直ちに会談する必要があるとあなたが感じている理由は、よく理解できる。そこで議論されるであろう問題は、もちろん、アメリカ合衆国にとって本当に関心のあるものであり、あなた方が同意するであろうことは理解している」と、彼は続けた。「したがって、私はハリマンに対し、あなたとジョーおじさんが同意するならば、私のオブザーバーとして待機し、それに参加するよう指示し、スターリンにもまたそのように伝えてある」。最後にルーズベルトは、「当然ながらアヴェレル（ハリマン）はアメリカ合衆国にコミットする立場にはないだろうが――誰であれ、私に先んじてコミットすることは許されない――彼は私に十分な情報を与えてくれるだろうから、この会談が終り次第、速やかに戻ってくるように言ってある」と明確に結んでいる。結局、モスクワでの会談は、選挙後にビッグスリーが再会するための「有益な前奏曲」となるはずであった。チャーチルはルーズベルトに宛てた翌日の返信で、この件に関する彼の考慮と好意に謝意を表した。

ルーズベルトからの祝福を事前に受けられないことが明らかになった今、チャーチルは自らの行動の自由を守ろうと努めた。「アヴェレル（ハリマン）がすべての主要会議に同席することは大変喜ばしいことだが、それは私とUJ（スターリン）、アンソニー（イーデン）とモロトフとの個人的な懇談を妨げるものではないはずだ。なぜなら、このような状況下でこそ最高の進展がもたらされることが多いからだ」と述べた。その一方で「アヴェレルからの報告以外にも、我々の共通利益に関わるすべての情報を常にあなたに伝えることができる」と再びルーズベルトを安心させようとする姿勢を見せた。

ルーズベルトのスターリンに宛てたメッセージは、チャーチルがケベックでの合意に基づいて来訪していると思っていたため、［ルーズベルト自身の］困惑した様子を窺わせるものであったが、早期の会談開催を望むチャーチルの意向と、ハリマン大使に自らのオブザーバーとしての役割を任せるよう指示したことについては、ほぼ同じ内容であった。ルーズベルトは、将来の選択肢を確保することに必要以上に気をとられていたのか、今回の会談に対する個人的な関心を強調した。「あなたは当然、理解しているはずだ」と、彼は述べた。

この世界的な戦争において、アメリカ合衆国が関心を持たない問題は、政治的にも軍事的にも、文字どおり存在し得ない。私は、我々三人が、そして我々三人だけが、まだ解決されていない問題の解決策を見つけることができると固く確信している。その意味で、私は、首相［チャーチル］が会談を望んでいることを評価しつつも、あなたがこれから行うチャーチルとの会談は、我々三人の会談に向けた予備的なものであり、私の知るかぎりでは、それは選挙が終わったらいつでも執り行うことができるものだと考えている。

またしても、イギリスはアメリカを事前に説得することができなかった。しかし、今回は、モスクワでもロンドンでも、アメリカ合衆国の立場は決して揺らぐことはないであろう。

興味深いことに、スターリンとチャーチルへのメッセージの作成に協力した外交官、チャールズ・E・ボーレン（東欧担当課長）は、同時にバルカン半島における政府の立場を明確に表明する必要があり、それがなければ、その後の誤解についてアメリカ政府が責任を負うことになるであろう、と訴えていたのである。すなわち、「主要な同盟国のいずれも、東欧においてアメリカが何をし、どれだけの責任を負うのかについて、まだ明確なイメージを持っていなかったため、アメリカ政府にはある程度の責任があるのだ」と国務省で主張していた。

さらにボーレンは、ソ連は自分たちで計画を立てるより「他者から提示された包括的な計画を受け入れる」傾向が強いので、「この地域の処理に関する計画をロシア側に提示しないで済むかどうか」という問題を提起する時期に来ているのではないかと指摘した。しかし、この時すでにチャーチルはモスクワで自らの計画を発表してしまっていた。

5　モスクワ会談

スターリン「何でも話し合う準備ができている」

一〇月九日夜のスターリンとの会談で、チャーチルは「長いあいだ手紙でやり取りしていた多くの疑問を解消してほしい」と述べ、それに対してスターリンは「何でも話し合う準備ができている」と答えた。一〇月一八日にイギリス代表団が出発するまで、その影響が最終的に会談の進行を支配することになるポーランド問題の議論から一転して、チャーチルは「イギリスは地中海の主要国でなければならず、……スターリン元帥がルーマニアと同じように、ギリシャについてまず判断されることを期待するものである」と宣言した。スターリンは、五月協定に一度も言及することなく、「イギリスが地中海に関心を持っているならば、ロシアも同様に黒海に関心を持っている」と指摘して同意した。さらに、ハンガリーとユーゴスラビアについては、二つの国が同等の利益を共有することが確認された。

しかし、問題はギリシャでのイギリスの立場を脅かす最大の脅威となるブルガリアであった。会談の記録によると、「首相は、ブルガリアへのイギリスの関心は、イギリス政府の影響力が名目的なものでしかない、ソ連主導の連合国管理理事会のもとでのルーマニアに関するものよりも大きいことを示唆した」という。スターリンは、チャーチルがこの地域でイギリスの立場を主張しすぎていると指摘し、ブルガリアは黒海の国であり、ひいてはロシアの関心事であると反論した。スターリンが「イギリスは何かを恐れていたのか」と問うと、それまで沈黙を守っていたイーデンは「イギリスは何も恐れていない」と言い返した。また彼は、「イギリスがブルガリアと三年間も戦争しており（最近のソ連とブルガリアの交戦状態とは対照的である）、ブルガリアの支配権を少しでも手に入れたいと思っていた」ことをソ連の指導者に思い出させた。ブルガリアの休戦問題は、ハンガリーにおけるソ連の優位性の比率の変更（八〇パーセント／二〇パーセント）と合わせて、その後二日間の話し合いのなかでイーデンとモロトフによって最終的に解決された。このように、バルカン半島における英ソの責任分担についてある種の交渉が成立したのであるが、それが具体的に何を意味するのかは、もちろん別問題であった。

別の角度から分析すると、ルーズベルトの不在が参加者の駆け引きに与えた影響も興味深い。この責任分担の表現について、最近のアメリカでの経験が記憶に新しいチャーチルは、「これらのことは外交的な（より婉曲な）言葉で表現したほうがいい。『圏域に分ける』などというと、アメリカ人がショックを受けるかもしれない」と考えた。それでも、「彼（ハリマン）と元帥が理解し合いさえすれば、彼は大統領に問題を説明することができる」のであり、また、それはチャーチルが選んだ時と場所で行われるであろうことは疑いなかった。

このとき、スターリンは「自分もルーズベルト大統領からメッセージを受け取った」と言って客人の言葉を遮《さえぎ》ったが、これはアメリカ大使をオブザーバーとして立たせ、会談そのものを予備的なものと見なしたいというルーズベルトの意向を示すものであった。スターリンが誤解しないように、チャーチルは自分たちもルーズベルトの意向に賛同していることをスターリンに伝え、ルーズベルトとのあいだに秘密はないことを確認した。しかし、(スターリンは)「多くの会談」で歓迎されるはずのハリマンが、おそらく現在進行中の私的な会談で、二人のあいだに割って入ることは許されないと考えていた。なぜなら、ルーズベルトのメッセージは、「アメリカ合衆国に多くの権利を要求し、ソ連とイギリスにはほとんど権利を与えないようなもので、結局、彼らは共通援助条約を結んでいたのだから」とスターリンはその理由を語っている。しかし、実際にはスターリンも知っていたはずだが、ルーズベルトのメッセージはそのようなことは要求していなかった。むしろ、ルーズベルトの選挙に対する関心を考慮すると、メッセージはジョン・ルカックスのイメージする、この地域におけるアメリカの「至上の無関心さ」に近いものであった。

会談の終わりに、チャーチルは、間違いなくスターリンのためになるような二つの点を挙げた。第一に、連合国によるドイツ占領の計画に関連して、スターリンはアメリカがドイツ、ひいてはヨーロッパに「非常に長く」とどまる可能性は低く、その意味するところとして、ヨーロッパの問題は自分たちのあいだで解決しなければならないと考えていたことである。第二に、チャーチルは個人的にスターリンに知ってもらいたいことがあった。微妙なことは抜きにして、記録の結論部分の発言を引用すると、それは「イギリスは、イタリアとフランスでドイツと戦っている師団をアメリカと同程度保持しており、これは日本と戦っているアメリカとほぼ同じ数の戦力をイギリスが有していることを意味する」ということであった。

チャーチルとしては、ヨーロッパ問題の解決に向けたイギリスの発言力は、少なくともアメリカ人と同等であり、いずれにせよ、アメリカ人のヨーロッパへの残留も期待できないことをスターリンに保証するべく、腐心していたようであった。

それでは何が成されたのか？

では、チャーチルはこのパーセンテージ協定によって、いったい何を達成しようとしたのであろうか。残念ながら、文書記録には多くの手がかりはあるものの、この問いに対する明確な答えはない。チャーチルはスターリンとともに、最初の会談の際の正式な共同コミュニケでルーズベルトに「ハンガリーやトルコを含むバルカン諸国について、合意された政策に到達する最善の方法を検討しなければならない」と伝えただけで、ハリマンが報告した「それらの国々に対する我々のさまざまな義務に配慮して」という最後の文言はどうやら省略してしまったらしい。しかし、実際に「合意された方針」はあったのであろうか。一〇月一一日付のスターリンに宛てた未送信の書簡のなかで、チャーチルは、「私が書き記したパーセンテージは、我々の思考のなかで、我々がどれだけ近くにいるかを確認し、その後、我々を完全に一致させるために必要な措置を決定するための方法論であったにすぎない」ものの、「いかなる公的文書の基礎にもなり得ない、とくにこれは現時点においては無理ではあるが、我々の問題を進めるための良い指針になるであろう」と述べていることからも、おそらく真実に近いものを示している。

その翌日の一〇月一二日、チャーチルはロンドンの閣僚らに宛てて、パーセンテージに関する考えをさらに詳しく説明する手紙を出した。

パーセンテージのシステムは、バルカン諸国の（連合国）管理理事会の理事数を規定するためのものではなく、英ソ両政府がこれらの国々の問題にどのような関心と感覚で取り組んでいるかを表現し、理解できるような方法で互いの考えを明らかにするためのものである。

さらに重要なこととして、チャーチルはこう付け加えている。

これは指針以上のものではなく、もちろんアメリカ合衆国に約束するものでもなければ、利益圏の厳格なシステムを構築するものでもない。しかし、全体像が示されたとき、アメリカ合衆国にとって、二つの主要な同盟国がこれらの地域についてどのように感じているかを知るのに役立つだろう。

イーデンはこの図式について、イギリスの外務次官オーム・サージェント卿にこう言った。

管理理事会に採用される英ソ両国の国籍者数とはまったく関係のない、単なる象徴的な性格のパーセンテージに過度の注意を払うべきではない。

しかし、この段階では何も知らないアメリカ人に対して、チャーチルはバルカン半島での会談について、まったく異なる、しかし自信に満ちたイメージを提示した。

「ここではすべてが友好的だ」。チャーチルは一〇月一一日、ハリー・ホプキンスに公電を打った。「しかしバルカン半島は悲しい混乱に陥っている」。実際、チャーチルはこれまでバルカン半島情勢からアメリカ大使を排除し続けてきたことを正当化するような言い方で、こう続けた。「現在のところ、我々はバルカン半島について、非常にたくさんの不満を抱えている。大勢で集まるときよりも忌憚《きたん》のない話ができるように、少し遠回りをしてでも二人だけで話を進めたいと思うようになった」。同日、チャーチルはルーズベルトに次のように示した。

バルカン半島について共通の考えを持つようにすることは絶対に必要だ。そうすれば、複数の国で内戦が勃発したとき、おそらくあなたと私が同じ側に同調し、UJ（スターリン）が他方に与することを防ぐことができる。私はあなたにこれらの件についてすべて報告する。あなたを含めてさらに議論し、煮詰めることを前提としたイギリスとロシアとの予備的な合意以外は、何も決まらないだろう。これに基づいて、我々がロシア側との完全な意思の疎通を図ろうとすることを、あなたは意に介されないだろうと確信している。

一週間後、モスクワを出発する前夜、イギリスの指導者は、必要以上の情報を提供する気にはなれないまま、ルーズベルトに「バルカン半島に関する取り決めは、可能なかぎり最善のものであると確信している」と知らせた。具体的に、チャーチルはこう続けた。

最近成功した軍事行動と相まって、我々は今ギリシャを救うことができるはずである。チトーの行動と、チトーの東部方面を支援するべく、ロシア軍およびロシア指揮下のブルガリア軍が到着したことで変化した現地情勢を考慮すれば、ユーゴスラビアで五〇対五〇の共同政策を追求するという合意が、我々の困難に対する最善の解決となることは疑いようがない。ロシア側は、黒海沿岸の国々としてルーマニアとブルガリアにおける自国の優位にこだわっている。

特徴的なのは、ソ連がさらに何も語らなかったことである。

スターリンは一〇月一九日、ルーズベルト大統領に「チャーチル氏とイーデン氏がモスクワに滞在しているあいだ、我々は相互に関心のある多くの問題について意見を交換した」と公電を打った。ハリマン大使もチャーチルも、モスクワでの最も重要な会談について、すでに自分の推測を報告していることは間違いなく、ソ連指導者も自分の見解を伝えようとした。スターリンは、「私としては、バルカン諸国に対する政策の態度などについての見解を相互に確認するうえで、この会談は非常に有益であったと申し上げたい」と、無駄を省いた言いまわしをした。さらに、スターリンはこう述べた。

会談では、我々の眼前に立ちはだかるあらゆる問題について大きな困難なしに方針を調整することができることが明らかになった。もし我々が今のところ、この問題やそのほかの課題について直ちに必要な決定を下す立場にないとしても……それでも、より好ましい展望が開かれている。将来、我々三人が会談する際、我々の共通の関心事である差し迫った課題について明確な決定を下すことが可能になるという観点から、このモスクワでの会談が何らかの利益をもたらすことを願っている。

チャーチルの半紙に書かれたスターリンの青鉛筆の目印とは裏腹に、クレムリンがこのパーセンテージ協定で何を達成しようとしたのか、確信を持って評価することは難しい。

おそらくスターリンは、ルーズベルトとは異なり、少なくとも赤軍の巻き起こした塵《ちり》が収まるまでは、バルカン半島での選択肢を広げておくことを何よりも重視していたのであろう。ギリシャを除けば、「赤軍の南西部での攻勢の成功は、バルカン半島におけるソ連の軍事的プレゼンスを阻止しようとするイギリスの保守層の計画をついに葬り去った」と指摘した、とあるソ連の第二次世界大戦を扱った歴史書の見解には、少なからぬ皮肉が含まれているのかもしれない。この意味において、スターリンがパーセンテージ協定を遵守《じゅんしゅ》したのは、最終的に「バルカン半島におけるソ連軍の存在を阻止しようとするイギリス保守層の計画」を葬り去るべく、時間を稼ぐための計算された努力の一部であったように思われる。そして、スターリンが時間稼ぎの専門家であったことを誰が否定できるであろうか。

ルーズベルトの反応

ルーズベルト大統領は、パーセンテージ協定の要旨について段階的に報告を受けていたが、その具体的内容を明確に認識していたわけではなかった。

このため、一〇月一〇日に発表された大同盟のパートナーたちの重要な共同メッセージに対し、控えめなトーンで答えることにした。一〇月一二日、ルーズベルト大統領は、「国際戦争を防ぐための現在と将来の共通の努力のために、我々がまだ関心を持っている国際政策について、あなた方が両者の意見を一致させようとしていることを知り、非常に喜ばしく思っている」と答えた。骨の髄《ずい》まで政治家であるルーズベルトは、ヨーロッパの多くの問題に対して幸せな解決策を見出すことがほとんど不可能であることを十分に理解していた。そうである以上、彼がドイツ絡みの問題を除き、それらにできるかぎり関わらないようにしたいと考えたのも無理はない。内政上の配慮はともかく、ルーズベルトが自分の考えを最も明確に示したのは、一〇月一一日付の公電でハリマンに伝えた「バルカン半島に対する現在の私の積極的な関心は、将来、我々が国際戦争に巻き込まれないように保険をかけるべく、現実的な手段をとることである」という点にあったと思われる。ルーズベルトが考えていた現実的な措置とは、必然的に一一月の選挙を待たねばならなかった。その一方で、国務省はモスクワによる影響圏の政治の復活に、独自の計画で対応することになった。

一一月八日、エドワード・ステティニウス国務次官からルーズベルトに伝えられた覚書のなかで、国務省として以下のように述べた。

アメリカ合衆国政府は、イギリスとソビエト連邦のあいだに問題があることを十分に認識しているが、我が国政府は、対立するどちらか一方の国を支持するような態度をとるべきではない。むしろ我が国政府は、善隣関係を基礎として全般的な平和と安全を達成するために設計された衡平な取り決めを支持するアメリカの独立した利益（これは一般の利益にもなると考えられる）を主張すべきであり、現時点ではソ連やイギリスの利益とアメリカの利益とを同一視する必要があると考えるべきではない。

この考え方によれば、バルカン半島などにおけるアメリカの政策は、民族自決、通商機会の平等、報道と思想の自由、アメリカの慈善団体や教育団体が最恵国待遇で活動を行う自由、アメリカ市民とその正当な経済的権利の一般的保護、そして、領土解決は戦後に委ねるという一般原則に従うべきとしていた。しかし、この国務省の覚書がルーズベルトの考えにいかなる影響を与えたのかは不明である。

ケナンのリアリズム

国務省のなかにはこれとは別に、一九四五年、四一歳の時にすでにアメリカ外交団のなかでロシアでの駐在期間が最も長かったジョージ・フロスト・ケナンによる見解があった。ヤルタ会談の前夜、公使参事官［ケナン］は友人のチャールズ・ボーレンに手紙を出した。「私はこの戦争の現実と、ロシアの協力なしには勝利できないほど我々が弱かったという事実を知っている」。手紙はさらに続く。

私は、ロシアの戦争努力は見事で効果的なものであり、ある程度、東欧や中央ヨーロッパのほかの人々の犠牲の上にその報償を受けなければならない、ということを認識している。しかし、それにもかかわらず、なぜ我々は大西洋共同体全体の利益に敵対し、ヨーロッパで維持されなければならない、すべてのものにとって危険な、この政治的なプログラムに付き合わなければならないのか、私には理解しがたい。なぜ、ヨーロッパをありのままに複数の勢力圏に分割し、我が国をロシアの影響圏外に、そしてロシアは我が国の影響圏外に置くという、真っ当かつ明確な妥協ができなかったのだろうか。

ケナンにとって、このような政策は「我々自身とヨーロッパの友人たちのために成しうる最善の策であり、ロシア人に対してとりうる最も誠実なアプローチだったろう」。そして、封じ込め政策の父は、「その代わりに我々は一体、何をしたというのか」と憤然と語った。

戦争が進行しているあいだに、戦後の実勢が形成されつつあることは明らかだったが、我々は常に、東ヨーロッパと中央ヨーロッパにおける利益と要求を明確にするのを避けてきた。我々は、ロシアの領土拡張とロシアの責務に対していかなる制限をも設けるのを避け、それによってロシア人を混乱させ、彼らが自分たちの要求が少なすぎるのではないか、これは何かの罠ではないか、と常に考えざるを得なくさせた。我々は政治的な問題に直面することを拒否し、我々抜きでほかの人々がそれに直面することを強いてきた。我々は大陸の将来について、友邦を勇気づけ、その敵対する側の人々にアピールできるような、前向きで建設的なプログラムを何も提示してこなかったのである。

ボーレンは、ケナンの主張に共感する部分もあったが、彼が語る外交政策は、民主主義国家では成立し得ないことを、すぐに指摘した。「このような政策を立案し、実行できるのは全体主義国家だけだ。さらに、私はこの戦争において、真剣に我々のしたこととまったく異なる行動をとれる時があったとは、微塵《みじん》も思わない」。ボーレンはこの頃ルーズベルトの通訳官であり、行政府との国務担当連絡官に任命されたばかりであった。繰り返しになるが、このような発想がルーズベルト自身の考え方にどういった印象を与えたかは定かでない。

確実に分かっているのは、バルカン半島の分割統治というテーマが、その後の一九四五年二月のヤルタでのビッグスリーの会談でも、それ以外の時でも、再び取り上げられることはなかったということである。軍事的には、ソ連は東欧・中欧への支配力をさらに強めていた。アメリカ政府は一〇月のパーセンテージ協定の概要を把握していたが、ルーズベルトを筆頭とする連合国は、赤軍によって解放された国々の将来に対処する最善の方法として、同協定の代わりに「ヨーロッパ解放宣言」に焦点を当てた。大まかに言って、三大国は次のような宣言をした。三ヵ国政府は、ナチス・ドイツの支配から解放された人々および旧枢軸国の衛星国の人々が、彼らの差し迫った政治的・経済的な問題を民主的手段によって解決するのを支援するべく、三ヵ国政府の政策が一時的に不安定な期間において、協調行動をとることに合意する。

スターリンは三月にルーマニアの少数派政権の支援を一方的に決定した。もちろん、ポーランド政府の構成をめぐる意見は不一致のままであった。こうしたスターリンの態度は、ルーズベルトや国務省にしてみれば、クレムリンが本当に考えていることは、「実用的な算術」ではなく、スターリンがかつて「宣言の代数」と呼んだものであるように思われたのであった。スターリンは常に後者を好んでいた。チャーチルにとっては、ヨーロッパ分割のための自分の好みの計画に対する「アメリカの学者然とした干渉」の最初の結果に過ぎないように思われたに違いない。しかし、チャーチルとスターリンの合意によって、東ヨーロッパの将来は決まったようなものであった。

一九四四年の夏から秋にかけて、ソ連はヨーロッパの中心部に進出し、革命政権を維持した。これは東部戦線におけるソ連とドイツの大規模な衝突を下支えするものであった。九月、ケナンはモスクワから、二億人のロシア人が「モスクワの力強く目的意識の高いリーダーシップのもとに団結し……この戦争が終わった時、ヨーロッパ大陸に残されるほかのどの勢力よりもはるかに大きな一つの力を構成する」と書き送った。ヨーロッパがナポレオン以来の劇的な権力革命に直面しても、アメリカ政府は何ら気にとめなかったが、それには理由があった。ヨーロッパの伝統的な均衡を崩すような重要な軍事的決断が下されたのは、結局のところモスクワではなくベルリンにおいてであった。ヒトラーが二正面戦争を始めたことによって、第三帝国へと迫り来る軍勢が解き放たれたのであった。クレムリンが過去の惨禍を二度と繰り返さないという決意を固めたのは、ナチスのソ連に対する苛烈な攻撃であり、この方針に異論を唱えるアメリカ人はほとんどいなかった。

東ヨーロッパとバルカン半島におけるモスクワの野望は、ソ連の戦力の増強がもたらした好機に呼応して拡大した。一九四一年以降、クレムリンは、一九三九年のナチス・ソビエト協定に基づいてロシアが併合し、民族的あるいは歴史的に何かしらの権利を主張していた土地について、なんとしても西側諸国の承認を得ようとしていた。制限的な協定や対抗勢力の存在がないため、一九四四年までのソ連は、拡大する利益とイデオロギー上の選好に応じて自由に行動することができた。そして、拡大主義派の青写真ではなく、変化するヨーロッパの力学がこの結果を決定づけた。西側諸国がドイツからの解放をソ連に依存せざるを得なかったことは、潜在的に大きな代償を伴うものであった。ルーズベルトとチャーチルは、必要とされていたソ連の勝利が代償を伴うものであることを、明らかに理解していた。彼らは、ナチス・ソビエト協定のもとでのソ連への併合に異議を唱えることはしなかった。また、ルーズベルトは、東ヨーロッパを勢力圏に分けるというチャーチルとスターリンの個人外交に対して、真剣に異議を唱えることもしなかったのである。

第5章　ジョージ・W・ブッシュとイラク戦争

1　アメリカの対イラク政策

本章は、アメリカ外交の軍事化の勝利と終わりなき戦争の時代を象徴する、イラク戦争へと至るジョージ・W・ブッシュの外交を考察したものである。二〇〇三年、ブッシュは国連の警告にもかかわらず、イギリスの支持を得て、同年三月のイラク侵攻に先立つ空爆を承認した。イラクとの戦争は僅か一ヵ月余りで終結した。ジョージ・W・ブッシュはついに、彼が望んだ戦争、彼が望んだレジーム・チェンジ（体制の転換）を成し遂げた。そして、彼は自分の道を歩んだ。アメリカ外交の軍事化は達成され、選択的な戦争が終わりのない戦争の時代を到来させたのである。

二〇〇〇年に行われた米大統領選挙では、イラクとの対立が再浮上することになった。民主党の大統領候補者であったアル・ゴア副大統領は、ビル・クリントン大統領のイラク封じ込めの実績を擁護しつつ、「私はより一層前進したい。サダム・フセインを打倒しようとしているグループをしっかりと支援したい」と述べた。共和党の大統領候補であるジョージ・W・ブッシュは、さらに踏み込んで、もし大統領としてサダムが大量破壊兵器（WMD）を製造しているのを発見したら、「彼を排除する」と宣言した。警告は明確であった。大国にふさわしいアメリカの軍事力は、外交だけでは実現できないことを成し遂げるであろう。いずれにせよ、レッドラインは引かれ、サダムは警告を受けた。

二〇〇一年一月、ジョージ・W・ブッシュが第四三代大統領に就任し、民主党政権によるホワイトハウスの体制が終わりを告げた。これは、新しい長官、補佐官、そして政策立案者が任命されることを意味した。国家安全保障会議のケネス・ポラックは、新政権に向けて大量破壊兵器を保有するとされるイラクの状況を説明した最後のメモのなかで、イラクのサダム・フセインに対する封じ込めが困難になったことを警告し、「サダムを速やかに排除すべく積極的に体制転換政策をとるか、密輸を阻止し、サダムによる軍の再編成、とくに隠れた大量破壊兵器計画を阻止すべく制裁を大きく見直すか」のどちらかを選択しなければならないと指摘した。また、ポラックは、国連安全保障理事会のコンセンサスが得られず、イラクと対峙するアメリカの意図に他国が同調しないため、第二の選択肢をとることはより困難であると訴えた。

二〇〇一年にブッシュが当選した時、アメリカ政府では、サダムとの外交的なジレンマに対して、軍事的解決策を優先させるというコンセンサスが強まっていた。従来の外交的関与は「アメとムチ」であって、それ以上のものではなかった。外交的な問題を軍事力で解決するという、軍事外交の解決策が徐々に定着していったのである。実際、アメリカの政治・軍事指導者たちは、サダムを屈服させるための努力に失敗するうちに、イラクとの戦争の必然性を信じるようになったと言っても過言ではない。最初は体制転換という名目で、次はサダムの核・生物・化学兵器庫を排除するという、アメリカ政府が自らに課した目標のもとで。

当初、ブッシュは、サダムがもたらす脅威について、想像であれ何であれ、あまり気を取られてはいないように見えた。トニー・ブレア首相は、二〇〇一年二月にブッシュと初めて会談した際、イラクに関して切迫感がなかったと回想している。ブレアは、「ジョージは、二期まで維持できるような強力な右派の権力基盤を米国内に築くことを目標としており、とくに教育と税制改革に力を入れていた」と振り返った。イラクに関する唯一の懸念は、制裁の再構築の可能性に関わるものであった。

国務省の政策企画部長であったリチャード・ハースは、ブルッキングス研究所のメーガン・オサリバンとの共同研究に基づいて、イラクにいわゆる「スマート」な制裁措置を講じる計画を提案した。その計画はシンプルであった。スマート制裁では、イラクが輸入できる非軍事品の範囲を拡大し、その代わりにイラクの輸出品からの増収分を、イラクではなく国連が管理する口座に入れる。

この計画はコリン・パウエル国務長官によって受け入れられ、政府部内から懐疑的な意見も出されたものの、ブッシュはこの構想にサインした。ハースは、イラクが外交政策上、重要な問題であることを政権は当初から理解していたと指摘する。他方、ハースは「イラクに関して政権が重視していたのは……制裁レジームの再構築だった。既存の軍事計画を見直すという指示もあったが、当時、これには本当の意味での集中力が欠けていた。何か新しいことをするというより、そこにある既存のものから埃《ほこり》を払い落とし、再利用するようなものだった」。ブッシュは、サダム・フセインを追放する計画を持って就任したわけではない。実際、ブッシュが最初に打ち出した政府支出の削減計画は、国防総省が新世代の兵器に必要な資金を受け取れなかったことを意味し、この政権が、イラクに立ち向かうための事前計画も含め、国防問題に対して緊急性を与えていなかったことを物語っていた。

このスマート制裁は、六月の国連安全保障理事会で真価を問われることになった。イギリスは制裁案の修正について支持を表明し——そもそも、決議案を提出したのはイギリスであった——安保理のほかの理事国からはかなりの反対があった。ロシアはとくにこの制裁案の変更に批判的で、セルゲイ・ラブロフ大使は「イギリスの草案の主要な要素は、イラクの非常に厳しい経済状況を緩和するのではなく、むしろ制裁を強化することにつながるようだ」と論じた。ラブロフは、制裁対象品目のリストをさらに複雑にすることで、安保理はイラクとの合法的な貿易をより厳しく阻害していると説明した。中国はラブロフの評価に同意し、王英凡中国大使は「外国企業がイラクに投資することを認められ、各国がイラクと自由にサービス契約を結ぶことができるようにすべきだ」と主張した。中国とロシアは、安保理が制裁を解かないことで、イラクの人道危機を悪化させ、長引かせているという点で一致した。

今回、イギリスは安保理での反対意見に反論する番であった。イギリスのジェレミー・グリーンストック大使は、「イラクがその地域に脅威を与えるのを防ぐのが理事会における我々の責任であり、その一環として、イラクが大量破壊兵器を完全かつ検証可能な方法で武装解除されるようにしなければならない」と主張した。スマート制裁の実施は、イラクが再軍備できないように制裁を合理化し、イラクの人々への制裁の影響を軽減するためのステップであった。グリーンストックは安保理に対し、「イラクが国連システムの外で石油を輸出し続け、武器やその他の禁止品目を購入するための違法な収入を得ていることは、我々全員が認識している」と訴えた。

中国やロシアの反発に対して、グリーンストックは反論を留保していたが、アメリカのジェームズ・カニンガム大使はそうではなかった。カニンガムは、スマート制裁はイラクが再軍備に必要な資材を手に入れるのを防ぐためのものだ、と端的に述べ、将来、安保理がその制限を見直すかもしれないが、それは「イラクの大量破壊兵器の製造や、軍事能力の向上に使われないという確信が得られたとき」だけだとした。アメリカはイラクの武装解除に納得がいかず、解除されるまではイラクに制裁を加えるよう表明し続けた。しかし、フランスは、常任理事国の利害関係の狭間《はざま》に立たされることになった。フランス大使ジャンダヴィッド・レヴィットは、中国とロシアに対し、兵器査察団が二年半もイラクを離れており、その報告書には不備もあると指摘した。だが一方で、レヴィットは「復興には正常な経済状況の回復が必要だ」と主張した。

議論は決着せず、結果的にスマート制裁の導入は延期された。それは、ブッシュがイラクという長期的な問題に直面したままであることも意味していた。ハースによれば、これは決して悪い結果ではなかったという。強引な政権交代を含め、イラクとの対決のために提案された政策イニシアチブを振り返り、ハースは「現状および、予測される状況は決して耐えがたいものではなかった。サダム・フセインは厄介な存在であっても、致命的な脅威ではなかった。サダム・フセインを追い出すことがいかに望ましいことであっても、新たな挑発行為がないかぎり、それが政権の外交政策を支配するほどにまで執着する必要はない。アメリカには、地域と世界の両方で推進すべきもっと重要な目標があり、もしイラクで泥沼にはまるようなことがあれば、それらも危うい状況に陥るであろう」と結論づけた。アメリカは国連安保理に圧力をかけたが、制裁の見直し案を採択させるには至らず、安保理内およびイラクに対するアメリカの権威を低下させただけであった。

イラク制裁をめぐる議論で特徴的であったのは、安保理メンバー国以外にも門戸を開いていたことであり、安保理メンバー国以外の大多数が制裁の厳しさを軽減し、イラクの人道的危機を緩和する方策を圧倒的に支持していたことであった。こうした支持は、イラクのアル＝カイシー大使を勇気づけた。彼は、二月上旬のアメリカの空爆でイラクの防空施設が破壊されたことで、かえってイラクは反感を買ったと訴えた。アル＝カイシーは、「イラクは不当に、そして厳しく罰せられている」と主張した。アル＝カイシーは、安保理内外で制裁中断を支持する声があることを指摘し、「制裁レジームの迷走ぶりは、現実問題として国際社会の大多数に確信がないことを具体的に反映している」と説明した。また、アメリカとイギリスが提案したスマート制裁は、欧米企業が優遇されるための隠れ蓑《みの》であるとして非難を受けた。

アル＝カイシーは、「その企業が欧米系の金持ちで、イラクの石油を買うことを許された唯一の企業ではないという保証はあるのか」と尋ねた。しかし、これは論点から外れていた。アル＝カイシーは、アモリム報告書がイラクの武装解除を結論づけたことを指摘し、アメリカとイギリスに対し、証拠もなしにイラクが大量破壊兵器を復活させたと非難することはできない、と警告した。コフィー・アナン国連事務総長（図9）でさえ、この点ではイラクに同意し、イラク情勢に関する初期の報告書で、「イラクの大量破壊兵器がまだ存在すると主張する側に立証責任を負わせる」ことが不可欠であると述べている。安保理内での公開討論の結果、アメリカが提案したスマート制裁は明確に否決され、実施されている石油・食糧交換プログラムはそのまま継続されることになった。カニンガムは、安保理がイラクに変化を迫る機会を逸したと嘆き、安保理メンバー国以外の反対があったにもかかわらず、「拒否権の存在がなければ、スマート制裁は今日採択されていただろう」と断じた。安保理での支持が得られなかったことに失望しつつ、カニンガムは「私たちはかなりの進歩を遂げ、バグダッドにこの領域での譲歩を迫るほど合意に近づいている」と公言した。イラクどころか安保理に変化を迫るためには、アメリカ政府からの一層の働きかけが必要であったと言えよう。

図9　コフィー・アナン国際連合事務総長

2　二一世紀の脅威

二〇〇一年九月一一日のテロ攻撃は、ブッシュの外交計画を取り返しがつかないほど変えてしまった。三〇〇〇人の民間人の死は、アメリカを震撼させただけでなく、国際社会にも大きな波紋を投げかけた。イギリスの要請によりこのテロを非難するために、九月一二日に安保理が開催され、グリーンストックは「これはグローバルな問題であり、現代文明全体に対する攻撃であり、人間の精神に対する冒瀆であることを我々は皆理解しなければならない。我々は皆グローバルな対応をし、その精神の強さを示さなければならない」と説いた。

今回のテロ攻撃は、国連安保理の常任理事国間の連帯を新たなものにした。ラブロフは、テロ攻撃は、「二一世紀の疫病であるテロと闘うために、国際社会全体の努力を結集するという課題が時宜《じぎ》にかなっている」ことをすべての国に思い出させたと付け加えた。レヴィットは、国連安保理の総意として、「我々は、テロリズムに訴える者、それを援助する者、それを保護する者と戦うためのあらゆる行動を決定する際に、アメリカの側に立つ」と念押しした。実際、海外でテロリズムに立ち向かうという安保理からの申し出は、アメリカの新たな戦時体制を支えるものであった。カニンガムは、国連安保理からの支援を誇るとともに、「我々は世界の平和、正義、安全のために立つすべての人々が、テロとの戦いに勝利するためにアメリカとともに立ち上がることを期待する。我々は、これらの行為を行ったテロリストとそれを匿《かくま》う者を区別しない。我々はそれらの責任者たちにその責を負わせるだろう」と語った。

アルカイダのリーダーであるオサマ・ビンラディンがこのテロを組織したというのが、同時多発テロを受けての米情報機関の総意であった。アルカイダの主要な訓練施設の一つがアフガニスタンにあり、アフガニスタンのタリバン指導部は、オサマ・ビンラディンの引き渡しと訓練施設の破壊のためのアメリカへの協力を拒否したことから、アメリカはこの二つの目的を自ら達成しようとした。しかし、フィリップ・ゼリコウ［当時、大統領情報活動諮問会議メンバーであった］が説明するように、政権には「アフガニスタンでの地上作戦の計画はまったくなかった」のである。アフガニスタンに対する計画には「インフィニット・リゾルブ」という威勢のいいコードネームが付いているが、その内容は二〇〇〇年一〇月のUSSコール［米海軍ミサイル駆逐艦USSコール］襲撃事件後にクリントン政権下で検討されたときのものとほとんど変わらなかった。

中央軍（CENTCOM）司令官トミー・フランクス大将は、これらを「『計画』などという名称には到底値しない」と評価した。政権は、タリバン政府を扇動するために緩やかな体制をとる北部同盟の部族指導者を利用するというCIAの計画に逆戻りし、アメリカはオサマ・ビンラディンを捕らえ、アフガニスタンのアルカイダ拠点を破壊し、タリバン政府を追放するという目的を推進した。

一一月にはタリバン政府が崩壊し、米軍のコミットメントは成功したとみなされた。既存のモーメンタムが加速度的に強まるなかで、多国間援助の欠如は、アメリカの単独行動の成果を際立たせるだけでしかなかった。実際、ドナルド・ラムズフェルド国防長官は、NATOからのアフガニスタンでの戦闘任務に対する軍事支援という前例のない申し出をはねつけ、これほど大規模な連携をとることは戦術的に不可能だと結論づけていた。二〇〇二年三月、アメリカはアフガニスタンに残るアルカイダのメンバーに対して大規模な作戦を開始し、反タリバンの部族指導者がアフガニスタン全域での支配を強化する結果につながった。アフガニスタンでの戦争は、西側諸国の政府が選んだ高学歴の部族指導者、ハーミド・カルザイを中心とするアフガニスタン新政府の樹立が数ヵ国の外交官たちによって協議された時、全体的な勝利とみなされたのである。

戦時下の大統領として人気を博していたブッシュは、一般教書演説のなかで、グローバルなテロとの戦いの次なるステップに向けた基盤を築いた。ブッシュはイラク、イラン、北朝鮮を世界の平和と安全を脅かす「悪の枢軸」と呼んで、これらの脅威に立ち向かうことが次のステップであることを明らかにした。ゼリコウによると、コンドリーザ・ライス国家安全保障問題担当大統領補佐官とスピーチライターのマイケル・ガーソンは、一般教書の外交に関する側面では「人間の尊厳という譲れない要求」に焦点を当て、「テロとの戦いを超えた」世界を表現しようと考えていたという。しかし、政権の最大の関心事がイラクに戻ってきたことは明らかで、二〇〇二年二月に国防総省からリークされた軍事計画もそれを裏付けていた。ブッシュはブリーフィングで、「イラク軍を撃破し、サダムを打倒するための実行可能な作戦を徹底的に強調」していた。サダム・フセインに立ち向かうための戦略の再構築は、アフガニスタンでタリバンやアルカイダの勢力を打倒した作戦の成功に触発されたものであった。この作戦は、サダム・フセインの指導者としての意図と、彼を退陣させるための最善の方法に焦点を当てたものであることは明らかであった。

六月に入ると、ブッシュのイラクに対する姿勢は明確になった。ウェストポイントの米陸軍士官学校の卒業式で、ブッシュは「ならず者国家やテロリスト集団が大量破壊兵器を手に入れることができる時代に、抑止力に頼ることはできない」と示唆したが、これはハースや国務省の助言に反する結論であった。ハースは、サダム・フセインとの対決計画をめぐって政権内で意見が分かれていたことを指摘し、「私と一緒に働いていた政策立案スタッフたちは、政府内の会議から戻ってくると、イラクとの戦争を主張することで知られているカウンターパートの連中があまりにも調子に乗っている、と報告しはじめた」と述べている。サダム・フセインに立ち向かおうとする国務省の努力とは異なり、アフガニスタンでの軍事的成功により、国防省は結果を出すことで高い評価を得ていた。アメリカのメディアが戦争計画について報じると、政権は準備不足を指摘されないように、戦争の計画があることを確認した。二〇〇二年八月までにブレアは、「自分たちがアジェンダを推進しているのか、それともアジェンダに動かされているのか、わからなくなることがあった」と話している。しかしブッシュは、九月の国連まではアメリカの立場を明らかにするのを避けた。

二〇〇二年九月一二日、ブッシュは国連総会で初めて演説した。コフィー・アナンは、アメリカでのテロ攻撃から一年後にあたるこの時、国際的な平和と安全に対する脅威を挙げて議題を設定した。まず、アナンは現在進行中のイスラエルとパレスチナの紛争を優先した。次に、安保理決議を無視し続け、査察官の再派遣を拒否しているイラクについて言及した。アナンは、兵器査察の再開を「イラクの大量破壊兵器がすべて消滅したことを世界に確信させるための不可欠な第一歩」と位置づけたのである。三つめは、大規模な軍事作戦を経たアフガニスタンの再建の重要性を強調した。そして四つめは、核保有国であるインドとパキスタンの対立を和解させることであった。

しかし、ブッシュの演説はアナンのリストを無視し、イラク問題に対してアメリカがすでに関与しているとの印象を強めるものであった。ブッシュは、「無法者政権が大量殺戮を可能にする技術をテロリストに提供するとき、テロリストがその狂気の野望に至る近道を見つけることが何よりも恐ろしいのだ」と語った。ブッシュによれば、イラクは「イラン、イスラエル、西側諸国政府に対して暴力を振るうテロ組織を匿い、支援し続ける」無法者国家であった。イラクがテロを支援していると非難することで、ブッシュはグローバルなテロとの戦いの範囲を広げ、イラクに対する行動を正当化したのである。イラクが国際の平和と安全に対する差し迫った脅威であるという主張の裏付けとして、ブッシュは、イラクが大量破壊兵器の能力を再構築する過程にあることを示唆する情報があると主張したが、この主張自体は、イラクに国連の兵器査察官がいないために検証されないままであった。ブッシュは、「イラクが核分裂性物質を獲得すれば、一年以内に核兵器を製造することができる」と確信していた。

ブッシュの演説の中心は、イラクの状況を是正するための国連による公認ミッションへの支持に火をつけることであり、さらに国連に対して「すべてのイラク人を代表する政府を作る」ことへの支援さえも提案している。しかし、国連に支援を求めたアピールが、受け入れるか放棄するかの提案であったことに疑いの余地はなかった。ブッシュは演説の最後に、「安保理決議が履行され、平和と安全の正当な要求が満たされるか、あるいは行動が不可避となり、正当性を失った政権が権力も失うことになる」と断言した。実際、ブレアは九月一一日の直後から、イラクに対するアメリカの態度の変化に気づいていた。ブレアはこう振り返った。

サダムは過去の戦いを思い出させる歓迎されない存在であり、我々が倒した敵であったが、多くの人が納得しないまま放置していた。しかし、サダムは脅威とは認識されていなかったのである。

今では、直接的な脅威が増したというよりも、九・一一テロがあまりにも衝撃的で、その意味するところがあまりにも深刻であったため、世界を作り変えなければならないというアメリカの信念に、彼が巻き込まれてしまったのである。かつては嫌われつつも容認されていた国々の政府が、一夜にして潜在的な敵となり、対決すべき、態度を改めさせるべき、すなわち政府を変えさせるべき対象となったのである。

国際の平和と安全に対する顕著な脅威という、アナンのリストを無視したブッシュは、グローバルなテロとの戦いに際して戦略的転換があったこと、そしてそれがイラクに焦点を当てるのだということを明確にした。しかし、とりわけこの戦略的転換は、サダム・フセインの指導者としての意図をその能力よりも優先して考えるという、これまでのアメリカの方針をブッシュが一変させたことを印象付けた。

二〇〇二年九月一七日、国家安全保障戦略（NSS）が発表され、アメリカの無制限の単独行動主義への移行が完了した。NSSは、アメリカが二一世紀のテロの脅威に立ち向かうために、いかなる手段も辞さない構えであることを明確に示した。NSSは、「アメリカはもはや、これまでのような受け身の態勢だけに頼ることはできない」と強調した。「潜在的な攻撃者を抑止することができないこと、今日の脅威の緊急性、そして敵の攻撃手段の選択によって引き起こされ得る潜在的な被害の大きさなどが、こうした問題の背景にある。我々は、敵に先制攻撃をさせるわけにはいかないのである」。これにより、アメリカには「先制行動」という選択肢が与えられ、「敵対国によるそのような敵対行為を阻止、または防止するため、アメリカは必要に応じて先制的に行動する」ことになった。この戦略は、コンドリーザ・ライスが奨励した九月一一日以降の世界のビジョン、すなわち「冷戦の終結と九・一一テロは、世界史における転換期の幕引きである」という考え方を具体化したものであった。ゼリコウは、ライスが「粘土が再び乾く前に、アメリカと我々の友人、そして同盟国は断固として動かなければならない」と付け加えたのだと指摘した。

国家安全保障戦略の発表やブッシュの国連総会演説の前から、アメリカが戦争に向かっていることは、外交ルートを通じてすでに理解されていた。七月、イギリス外務省直轄の秘密情報部（ＭＩ６）トップであるリチャード・ディアラブ卿は、ワシントンでアメリカの高官と会談していた。二〇〇二年七月二三日、ダウニング街［イギリス首相官邸のこと］からのメモのなかで、ディアラブは「態度が明らかに変化している」と記録している。「今や軍事行動は避けられないと考えられている。ブッシュは、テロリズムと大量破壊兵器の組み合わせで正当化される軍事行動によって、サダムを排除しようとしている」。そして、イラク側もこうしたメッセージを十分に理解し、ＮＳＳの公表を先取りして、二〇〇二年九月一六日に兵器査察団を再入国させることにした。

国連安保理は一〇月、イラクで再開された兵器査察の条件について協議を行った。コンセンサス形成の観点から、安保理のセッションは公開討論となった。コフィー・アナンは、査察官のイラクへの再入国は歓迎しつつも、「イラクは応じなければならない。イラクがこの最後のチャンスを生かせず、反抗的な態度を続けるなら、国連安保理はその責任を問われることになる」と表明して、議題を設定した。しかし、アナンは安保理常任理事国に対し、「もしあなた方が自らの意見の分断を許せば、この組織の権威と信頼性は間違いなく低下する」とも警告した。二日にわたって議論を行うことで、より広範なコンセンサスと意見の交差が生まれることが期待されたのである。

その好例が南アフリカのドゥミサニ・クマロ大使で、イラクの武装解除ミッションを、一九九〇年代後半の南アフリカの核武装解除と同じプロセスに関連づけ、アメリカの「先制」的立場が兵器査察の活動に影響を与えるかもしれないと警告した。クマロは、「もし査察団がイラクに足を踏み入れる前に、理事会が査察団の仕事を予断するようなことがあれば、それは悲劇である」と警告した。クマロは常任理事国に対し、「安保理は我々の集団安全保障上の懸念を代表し、最終的には国連全体に対して説明責任を負うべきである」と念を押した。

これとは対照的に、オーストラリアのジョン・ドース大使は、ブッシュの強硬姿勢を支持した。ドースは、「現在のイラクは、大量破壊兵器を手に入れようとしており、それを隣国や自国民に対して使用した実績があることからも、国際安全保障に明らかな危険をもたらしている」とアメリカに同調してみせた。オーストラリアはなおも、サダム・フセインが大量破壊兵器を獲得する野心をいまも持ち続けていると説き、さらに、「九月一一日、そして非常に悲しいことだが、一〇月一二日のバリ島の事件の後では、国際社会は国際安全保障への脅威に対して慎重に対処しなければならず、さもなければ悲惨な結果に直面することになるだろう」と述べた。オーストラリアの支援は、ブッシュにとってさらなる戦略的価値を持つものであった。ANZUS条約［オーストラリア，ニュージーランド，アメリカ間の太平洋安全保障条約］に基づき、すでにジョン・ハワード首相は、オーストラリアの兵力をアフガニスタンに提供していた。イギリス、そして今やオーストラリアも、アメリカと利害を一致させて行動を起こすことを約束したのである。

ハンス・ブリックス（国連兵器査察官）とモハメド・エルバラダイ（国際原子力機関事務局長）も一〇月に入ると米高官と会談し、兵器査察の目的について具体的な提案をしていた。しかし、査察に対する期待の大きさは、ブリックスやエルバラダイが政権の誰と会うかによって大きく異なっていた。アメリカのディック・チェイニー副大統領は、査察団に対してあからさまで素っ気なかった。ブリックスは、チェイニーが二人に「世界全体のことを話すときは、常にアメリカの安全保障上の利益を出発点にしていた」と語っている。しかし、チェイニーは、査察はいつまでも続けられないと警告し、アメリカは「武装解除を優先するため、査察を否認する用意がある」と述べた。チェイニーの態度は、ブッシュの態度と対照的であった。ブッシュはブリックスとエルバラダイを温かく迎えて、アメリカは査察団を全面的に信頼していると述べ、「あなたがたを支援する」と約束していたのである。こうした対照的な態度は、ホワイトハウスのホール内だけにとどまらなかった。安保理の公開討論で、兵器査察のプロセスに最初に疑問を投げかけたのはイギリスであった。

イギリスのグリーンストック大使は、オープンな議論の重要性を強調し、非安保理メンバーからの意見も歓迎した。しかし、「信頼できる情報に裏打ちされたイギリスの分析は、イラクが依然として化学物質や生物物質を保有し、生産を続け、兵器化を図り、そうした兵器の展開のための活発な軍事計画を持っていることを示している」と述べた。グリーンストックはトニー・ブレア首相の言葉を引用して、アメリカに同調し、「封じ込め政策はもはや機能していない……我々は九月一一日から、こうした問題には事後でなく、事前に対処するのが賢明であることを知った」と語っている。

ジョン・カニンガム大使の後任となったジョン・ネグロポンテ大使は、より強硬な姿勢で国連が無用な存在となる危険性を警告した。ネグロポンテは、イラクとの戦争をめぐる国内の議論を国連に持ち込み、米議会で可決されたばかりの法案に言及した。この法案は、「政権が安保理において『イラクによる遅延、回避、不履行といった戦略を放棄させる』ために行う外交努力への支持を表明し、外交努力が失敗した場合に武力行使を認める」ものであった。ブリックスとエルバラダイは、ワシントンにいた頃は兵器査察プロセスが多少なりとも支持されているという印象を受けたが、国連でのアメリカの姿勢を見れば、それが事実ではないことは明らかであった。

ネグロポンテは、「イラク政権が大量破壊兵器を放棄するか、平和のためにアメリカがグローバルな連合を率いてその政権の武装を解除するかだ」と宣言したブッシュの言葉を付け加えた。そこには、交渉の余地はほとんどなかった。

アメリカとイギリスに反対したのは、安保理の残りの常任理事国であった。レヴィットは、「目的はイラクの武装解除である。これは査察官の帰還と現地での監視の再開を意味する」と強調した。英米両国は、イラクが直ちに軍事行動を必要とする脅威だと思い込んでおり、「武力行使の『自動性』のようなものは、我々を深く分断することになるだろう」と念を押していた。安保理はアメリカを牽制する機会はとうに過ぎ去ったと理解しはじめていた。また、イギリスでは、ブレアがアメリカを全面的に支持することを決意していた。ブレアはのちにこう振り返っている。

私は、最終的にはアメリカが自国の利益のために独自の決断を下すということをよく理解していた。しかし、私たちを取り巻く新しい世界では、イギリスとヨーロッパはアメリカ抜きではもっと不確かな未来に直面することになるということも認識していた。では、彼らが我々を必要としたとき、我々は本当にそれを拒むのだろうか、あるいはもっと悪いことに、彼らが成功したとしても、我々抜きでやっていけると考えるのだろうか。私は熟考し、同盟とその歴史の持つ重み、それは圧力などではなく、力強い主張であり、義務への呼びかけ、行動への呼びかけ、そして彼らが危機に瀕しているとき、そこから距離を取るのではなく、彼らの味方をすることへの呼びかけを感じたのだ。

このブレアの「義務への呼びかけ」は、イラクと対決しようとしているブッシュが孤独ではないことを確実なものにした。

一一月に全会一致で決議一四四一号が採択され、UNMOVIC（国際連合監視検証査察委員会）とIAEA（国際原子力機関）の兵器査察官の任務が定められたあと、兵器査察は再開された。この決議には武力行使の容認こそなかったが、ネグロポンテは、イラクが決議の条件に違反した場合、「イラクがもたらす脅威から自らを守り、関連する国連の決議を執行して世界の平和と安全を守るために行動する加盟国」を拘束することはできないと断言した。

グリーンストックはもっと慎重で、「この決議には『自動性』はない［武力行使への自動性の意］」と安保理のほかのメンバーを安心させた。「もし、イラクがさらに武装解除の義務に違反するようなことがあれば、この問題はパラグラフ一二で要求されているように、再び安保理で議論されることになる」。このように、グリーンストックは、査察に対するアメリカの強硬な姿勢に一層の穏健さを加えようとしたのである。

フランスとロシアは賛成票を投じたが、どの加盟国も一方的に決議を強制するような権限はないと繰り返した。中国の王光亜大使は、「本文には、武力行使を許可するための自動性はもはや盛り込まれていない」と確認した。しかし、同じ決議文でも、各常任理事国によって解釈は大きく異なっていることは明らかであった。それにもかかわらず、ブリックスは、「解釈の違いは、安保理が結束して強くなったという大きな満足感のなかで、次第に目立たなくなっていった」と述べている。妥協はあったが、兵器査察の再開がイラクとの膠着《こうちゃく》状態を終わらせる重要な一歩であることは間違いない。しかし、それは些細な勝利でしかなかった。アメリカの武力介入という脅威がなければ、この決議がイラクに受け入れられなかったことは疑う余地がなかった。一一月一三日までに、イラクは決議一四四一の条件をすべて受け入れた。

3　イラク査察

二〇〇三年一月二〇日、安保理は国際テロリズムについて話し合う閣僚級会合を開催した。しかし、この会合はイラクへの軍事攻撃に反対するフランスの意向が大きく影響し、のちに待ち伏せ攻撃と評された。パウエル（図10）は、テロリズムに関する議論を期待して会議に臨んだが、代わりにイラクに立ち向かうアメリカの取り組みを否定するような発言を受けることになった。ドイツの

図10　アメリカのコリン・パウエル国務長官

ヨシュカ・フィッシャー外務大臣は「バグダッドの政権に対する軍事攻撃は、グローバルな規模でのテロとの戦いにとって、相当かつ予測不可能なリスクを伴うものであり、憂慮される」と述べた。

アメリカは、グローバルなテロとの戦いの一環として、イラクとの戦争に踏み切る用意があることを明らかにしていた。そして、このアメリカの明らかに攻撃的な姿勢に寄り添っていたのはイギリスだけであった。外務大臣ジャック・ストローは、イギリスがアメリカを支持する理由について、「見せしめとなるのはならず者国家の指導者たちであり、国民を残虐に扱い、暴力を賞賛し、さらに悪いことに化学、生物、核兵器によってテロリストに魅力的な武器庫を提供している連中だ」と付け加えた。ストローによれば、イラクが国際社会を脅かしていることは間違いなく、したがって、テロとの戦いのなかで対決する必要があるのだという。

安保理は、アフガニスタンでのテロとの戦いではアメリカに対する支援提案に全会一致となったにもかかわらず、イラクのサダム・フセインとの戦いでそれを繰り返そうといった気概はあまり感じられなかった。ロシアのイゴール・イワノフ外務大臣は、「対テロ連合の結束を脅かすような一方的な措置が取られないよう注意しなければならない」と警告し、安保理内の一般的な感覚を要約してみせた。しかし、アメリカは安保理での各国の閣僚の反応がまちまちであったのは、サダム・

フセインが国際社会にもたらす脅威を誤解しているのではないにしても、概して過小評価しているためだと解釈し、アメリカが情報機関の報告を用いてそれを是正することは可能だと判断した。パウエルは、「大量破壊兵器の開発、獲得、貯蔵を進め、近隣諸国や自国民に対してテロ攻撃を行い、自国民や近隣諸国の人権を踏みにじった政権に対処する責任から逃れることはできない」と付け加えただけであった。パウエルによれば、イラクがグローバルなテロとの戦いの名のもとに、国際的な平和と安全に対する脅威となっていることに疑いの余地はなく、アメリカはその脅威に立ち向かう用意があるという。

一月二七日、ブリックスとエルバラダイは、UNMOVICとIAEAの予備的な兵器査察に関する最初の報告書を提出した。ブリックスはまず、一九九九年のアモリム報告書が兵器査察再開の基礎となったことを明らかにした。この報告書を分析した結果、その内容は「イラクに大量破壊兵器が残っていることを主張するものではなく、またそうした可能性を排除するものでもない。しかし、それは証拠の欠如と矛盾を指摘し、疑問符を投げかけるものであり、兵器関連の調査資料を閉じて安心を得るためには、こうした点を整理する必要がある」と述べている。したがって、UNMOVICの第一の目的は、一方的な兵器の廃棄を立証する文書の所在を明らかにすることであった。

ブリックスは、イラク側が一九九一年に見落としたとする化学兵器弾頭を査察団が最近発見したことは、「水没した氷山の一角」かもしれないと認めたが、イラクの協力は適切かつ控えめなものであった。しかしブリックスは、イラク当局が査察にあまり真剣に取り組んでおらず、査察官に対して、カジュアルに接していることを懸念した。それは、安保理の状況に対する無知を示すようなものであったからである。それでも、ブリックスの報告書は、ＵＮＭＯＶＩＣの観点からイラクの状況をバランスよく評価したものであった。のちになって、ブリックスは安保理がイラクで何をすべきかを示唆するのは自分の役目ではなかったと振り返った。それは「正確な報告書を提出することであり、それこそが我々に求められていたことであり、また我々が貢献できることであった。そして、この報告書をもとに安保理が状況を判断し、査察の継続か戦争かの結論を出すのである」。彼はこの報告がイラクに衝撃を与え、「ささいな駆け引き」から解放されることを内心期待していたが、まさか「アメリカ政府などのタカ派が、私の報告で知ったかなり厳しい見積りに大喜びする」とは思ってもみなかった。

他方、エルバラダイは一九九九年までにイラクの核兵器計画が完全に廃棄されたというアモリム報告の所見に後押しされ、ＩＡＥＡ勧告をはるかに正確に説明してみせた。エルバラダイは、六〇日間の査察の結果、「禁止されている核活動は確認されていない」と述べた。イラクがウラン濃縮に適した規格へと加工されたアルミニウム管を輸入しようとしたと示唆する諜報情報に触れ、エルバラダイは「これまでの我々の分析では、アルミニウム管はイラクが述べた目的に合致し、改造しないかぎり遠心分離機の製造には適さないようだ」と説明した。

それ以外の結論を出すには、安保理メンバーからさらに情報提供を受ける必要があった。しかし、ブリックスが安保理に査察に必要な日数を伝えることはできないと主張したのに対し、エルバラダイは査察には時間がかかるが、「今後数ヵ月以内に、イラクに核兵器開発計画がないという信頼できる保証を提供できるはずだ」と頑なに主張した。その後、エルバラダイはとくにアメリカの情報機関によって示されたアルミチューブに関しては、彼の報告書に対するアメリカの反応は驚くべきものであったと振り返った。

ＩＡＥＡでは、査察団がアルミチューブをイラクのロケット研究に使用されるものであると報告したにもかかわらず、ブッシュは兵器査察団の報告からわずか一日後の一月二八日の一般教書演説で、アルミチューブが核兵器製造に適していると述べた。エルバラダイは、「イラクでの事実の直接検証に基づく、ＩＡＥＡの正反対な結論にはまったく触れなかった。また、ブッシュは、アメリカのエネルギー省による異なる分析結果にも言及しなかった」と述べている。どうみても、ブッシュは兵器査察よりもアメリカの諜報活動のほうが信頼性が高く、かつ正確だとみなしていることを明らかにしたのである。

兵器査察団からの予備報告でアメリカが望むような結果がすぐに得られなかったため、パウエルは閣僚レベルの安保理会合を開き、アメリカがイラクに対する主張の根拠としている諜報資料を発表した。その内容から明らかなように、アメリカはサダム・フセインがテロリズムに関与し、大量破壊兵器の製造を査察団に隠していることを断固として主張した。パウエルはイラク軍将校の通話を傍受した音声、査察団が訪れた場所で異常な車両の動きを示す衛星画像への言及、情報筋からの聞き取りなどを通じて、アメリカがイラクを非難しているのは「根拠に乏しい主張などではなく、事実である」と主張した。

さらに、アメリカ側が作成したイラストに描かれた移動式生物兵器施設の目撃証言は、イラクが炭疽《たんそ》菌やボツリヌス毒素を製造する能力があることを裏付ける証拠書類となった。パウエルはまた、サダム・フセインがこれらの技術を査察団から隠すために行ったことを強調し、「独創的というか、悪の天才というか、イラク人は化学兵器が査察されるよう意図的に設計している。まさに、アリババ作りのためのインフラなのだ」と述べた。パウエルは、アルミチューブはイラクの核兵器計画の一部ではないというエルバラダイの報告を無視し、代わりに、アメリカの専門家によってそれが遠心分離機の設計に使われていることが証明され、そしてチューブは「サダム・フサイン（中略）が核兵器計画を放棄したことを示すものではない」ことを示唆するのだと強調した。しかし、パウエルが安保理内の懐疑的な見方を払拭できると考えたのは、テロとの関連であった。情報機関の資料によると、イラクはアルカイダのメンバーであるアブ・ムサブ・アル・ザルカウィを北東部のクルディスタン地域に匿ったと非難されていた。これらの地域はバグダッドの支配地域外であったが、パウエルはサダム・フセインが関与していると主張した。

パウエルは、安保理がイラクのテロリストの存在を無視できないことを警告し、「野心と憎しみは、イラクとアルカイダを結びつけるのに十分だ。すなわち、アルカイダがより洗練された爆弾を作る方法を学び、文書を偽造する方法を学び、またアルカイダが大量破壊兵器に関する専門知識を得るためにイラクの支援を求めるのに十分なのだ」と説明した。

アメリカが、イラクには大量破壊兵器があり、サダム・フセインはそれを使用する決意があると考えていたことは間違いない。イラクに関するさまざまな諜報活動によって解釈されるサダム・フセインの意図こそが、彼の能力を暗示しているように受け止められたのである。パウエルは最後の警告を発し、「アメリカは、米国民に対してそのようなリスクを犯すことはしないし、できない。

サダム・フセイン〈中略〉が大量破壊兵器を保有したまま、あと数ヵ月あるいは数年間放置しておくことは、九・一一以降の世界では選択肢としてあり得ない」と述べた。ライスは、このプレゼンテーションが、パウエル長官が自ら吟味した情報機関の諜報情報の集大成であり、アメリカのイラクに対する主張を最もよく表していることに満足していた。少なくとも、アメリカにとっては「大傑作（tour de force）」であった。

パウエルの奮闘にもかかわらず、安保理全体のコンセンサスは変わらなかった。ストローのようなすでに説得された人々にとって、パウエルのプレゼンテーションはすでに確立された事実を不必要に繰り返すものであり、彼は「国際社会はサダム・フセイン〈中略〉政権が行っている詐欺行為、さらに悪いことに、この政権が示す非常に大きな危険性を明らかにしたことに対して（パウエルに）感謝しなければならない」と論じ、安保理における支援の欠如を痛烈に非難した。ストローによれば、査察団がいかに強力であろうと、いかに優秀であろうと、イラクの国土の広さゆえに、そこに大量破壊兵器がないことを保証することは不可能である。ストローはアメリカの先制攻撃の理屈を持ち出しつつ、国際社会が脅威に立ち向かった過去の失敗を安保理に思い出させ、「どのような場合でも、善人は『待て、悪はまだ立ち向かわねばならぬほどの大きさではない』と言う。しかし、そうこうしているうちに、彼らの眼前で、悪はもはや立ち向かうのには大きすぎる存在となってしまうのだ……我々には歴史に対しても、未来に対しても、これと同じ過ちを犯さないようにする義務がある」と語ってみせた。

しかしながら、納得できない人々にとって、パウエルの説明は確たる証拠を何一つ示すものではなかった。実際問題として、パウエルの発表した情報をすべて兵器査察団に渡して検証してもらうべきだというのが、安保理の残りのメンバー国の意見であった。中国の唐家璇外交部長は、最善の方法とは「さまざまな当事者が情報と証拠を（ＵＮＭＯＶＩＣとＩＡＥＡに）渡すことであり、その情報と証拠を現地での査察を通して評価することができる」と説得した。ロシアのイーゴリ・イワノフ外相は、中国の評価に賛同し、安保理に対して、「国際査察団がその責任ある任務を果たすのに役立つあらゆる情報を直ちに引き渡すべきである……彼らだけがイラクが安保理の要求にどの程度応えているかを語ることができる」と訴えた。

フランスのドミニク・ドビルパン外相は、安保理がイラクに対する常設監視体制について合意できれば、危機に対する第三の解決策を見出すことができると示唆した。ドビルパンは、「協調的な情報処理センターがあれば、ブリックス氏とエルバラダイ氏が必要とするすべての諜報資源を即時かつ系統立てて提供することができる」と説明した。安保理が直面するジレンマの深刻さを説明しつつ、ドビルパンは「軍事的介入か、イラク側の協力不足で不十分な査察体制かの選択においては、我々は査察手段を抜本的に強化することを選ぶべきだ」と付け加えた。

常任理事国での議論の影に隠れてしまったのは、イラクのモハメド・アルドゥーリ大使である。アルドゥーリ大使は安保理で、「もしアルカイダと関係を持っていて、そのつながりを信じているならば、恥ずかしげもなく認めるだろう。しかし、我々はアルカイダと何の関係も持っていないのだ」と断言した。そして、パウエルの説明は「法的、道徳的、政治的な正当性を示すことなく、我が国イラクに対する戦争と侵略の考えを売り込むために」作られたものであると主張した。パウエルの説明は実質的なものでなく見世物であるとのアルドゥーリの見解は、のちにライスによって確認され、アメリカは作戦目的のために緊急性を演出したと説明されることになった。ライスは次のように続けた。

私たちの危機感は、二つの要因によってもたらされた。第一に、我々の軍事力は、それほど長くは維持できないような動員水準へと近づきつつあった。そうなれば十分な後方支援もなく、戦場で我々の部隊が脆弱《ぜいじゃく》な状況に置かれることになるため、立ち止まることはできなかった。第二に、大統領は、サダムに対して最大限の一致団結した圧力をかけることこそ、戦争を回避する唯一の方法だと信じていた。そのためには、撤退ではなく、さらなる動員の継続が必要だった。

兵器査察にもかかわらず、また安全保障理事会でも意見が分かれていたにもかかわらず、アメリカは今まさにイラクと対決する準備ができていたのである。

二月一四日、兵器査察団は安保理に第二次報告書を提出した。ブリックスは、二月上旬のパウエルの説明とは異なり、UNMOVICがイラクの状況を包括的に理解するのに十分な時間があったのかについて、依然として懐疑的な見方を崩さなかった。しかし、かなりの進展があり、査察団はイラクの三〇〇以上の地点で四〇〇回以上の査察を行うことができた。ブリックスは、「イラク側が査察団がやって来ることを事前に知っていたという確固たる証拠を見たことはない」と強く訴えた。ブリックスは、UNMOVICはイラクの産業・科学能力の状況を十分に把握しており、初回申告時に少量の化学弾薬の空包が発見されただけで、それ以上の発見はなかったと説明した。しかし、ブリックスは、イラクが大量破壊兵器を保有していないと断言することに躊躇《ちゅうちょ》し、「大量破壊兵器が存在するという結論に飛びついてはならないが、その可能性を排除するものでもない」と認めた。

UNMOVICは、制裁違反の弾道ミサイルシステムの破壊を進める一方で、査察団はアモリム報告で未解決であった自主的な化学・生物兵器の破壊状況を検証できないでいた。一部の専門家は、土壌検査が可能性のある廃棄処分地点を見つけ出すのに役立つかもしれないと提唱したが、ブリックスは、イラクの遵守状況を見極めるためには、より多くの証拠が必要であると主張した。ブリックスは、UNMOVICと世界中の情報機関との良好な関係性を強調し、査察団に伝わる情報量が増えていることに満足していた。しかし、ブリックスは「そこには自ずと限界があり、誤った解釈も起こりうることを認識する必要がある」と注意を喚起した。

パウエルの説明にあった諜報情報に直接言及したブリックスは、一部の諜報情報によって、兵器がまったく存在しない地点、あるいはそれを示す活動がまったくない地点に誘導されたことを明らかにした。このような場合、諜報情報は「そのような兵器が存在しないことを証明し、場合によってはほかの兵器（通常兵器）が存在することを証明した。それは、通常兵器が国内を移動させられていることを示し、その移動が必ずしも大量破壊兵器と関連していないことを明らかにするのに役立った」と語った。

全体として、ブリックスはパウエルの説明に納得がいかないままであった。ブリックスは自身の報告書のなかで、アメリカのイラクに対する申し立ての根幹をなす諜報情報に微妙な疑問を投げかけていたのである。ブリックスの報告書の重要性は疑いようがない。ブリックスは、国連安保理の議場に到着した時の状況を振り返り、マスコミに詰め寄られることもあり、車で駐車場を通ってひそかに国連ビル内に入ることが多かったと述べている。ブリックスによれば、「まるでイラク戦争が起こるかどうかの決定が、次の一時間後に安保理で下されるかのようで、イラク側の協力に関する査察官の報告が、あたかも［開戦への］赤信号か青信号であるかのようであった。どちらも実際は違っていたが、非常に重要な会議だった」。

一方、エルバラダイはイラクでのＩＡＥＡの活動に関する進捗状況を説明しながらも、その報告の重要性についてはいささかの幻想も抱かなかった。一月以降、ＩＡＥＡは、イラクがニジェールからウランを調達しようとしたとの米諜報情報の評価に忙殺され、イラクでは、査察団がイラク人科学者宅で過去のイラクの核活動に関する秘匿された文書を発見していた。しかし、エルバラダイは、この文書がＩＡＥＡがこれまで述べてきた結論になんら新しい洞察を与えるものではない、と指摘した。この文書はイラクの核兵器開発計画について、すでに査察団に知られていた部分を明らかにするのに役立った。エルバラダイの結論は簡潔であり、「我々は今日まで、イラクで禁止されている核兵器や核関連の活動が継続的に行われている証拠を発見していない」と述べている。

査察団の報告を受けて、安保理は再び不協和音を響かせた。ブリックスは、安保理での議論は「あたかも七分間という限られた時間のなかで、色とりどりの閃光弾のような言葉や主張をぶつけ合う、壮絶な戦いのようであった」と評した。再び閣僚級会合が開かれ、報告書の内容が検討されることになった。イギリスのジャック・ストロー外相は、UNMOVICとIAEAの報告書において、イラクが安保理決議に重大な違反をしていることは明らかであり、イラクが査察団に協力していないことを示す十分な証拠があるとして、頑なに主張した。唯一必要な対応は、安保理が「信頼できる武力の威嚇を伴う外交プロセスを支援し、必要な場合にはその武力の威嚇を使用できるようにすること」で事足りるであろう。

パウエルは、ストローの発言に加え、いくら査察をしてもイラクの脅威は低減されないとし、「我々に必要なのはイラク側の即時かつ積極的、無条件の全面協力であり、イラクが武装解除することだ」と主張した。アメリカにとって、査察の終了を待つことは、安保理には容認しがたいことであるのは明白であった。パウエルはさらにテロリズムの脅威から、安保理は「このような恐ろしい兵器が我々の都市のどこかに現れ、アルカイダやほかの誰かによって爆発させられたあと、それがどこから来たのかを考えるのを待つわけにはいかない。今こそ、この種の兵器の出所を突き止めるべき時なのだ」と語った。この会合は、パウエルが安保理での支持を確保するための最後の試みとなったが、ブッシュがその必要性を信じていたわけではなかった。この最終的な働きかけは、アメリカを無条件に支持することで国内の批判にさらされていたブレアを慰撫するためのものであった（図11）。彼は、戦争に踏み切る前に国連の承認を得ることを自らの党に約束していたため、パウエルは辛抱強く待つことでブレアの好意に応えたのである。

しかし、安保理の残りの常任理事国は納得していなかった。唐家璇外交部長は、「中国は査察プロセスが機能していると考えており、決議一四四一を履行するために査察団に引き続き必要な時間を与えるべきだ」と説明した。イーゴリ・イワノフ外相もこれに同意し、「我々は、特定の政権に対する感情や情緒、同情や反感に左右されるべきでない。むしろ我々は、実際の事実に基づいて進め、そのうえで結論を出すべきである」と述べた。

ところが、武力行使に公然と反対したのは、フランスのドミニク・ドビルパン外相であった。ドビルパンは次のように主張した。「戦争という選択肢は、表向きはより迅速なものに見えるかもしれないが、戦争に勝ったあと、平和を築かなければならないことを我々は忘れてはならない。しかし、それは長く困難なことである。なぜなら、イラクの統一を維持し、武力の介入によって過酷な影響を受けた国や地域に、永続的な方法で安定を取り戻すことが必要なのだということを、我々は楽観してはならないからである」。イラクとの軍事的対決がより安全な世界、より安定したイラクを生み出すという保証はなく、サダム・フセインがもはや脅威でなくなるという保証さえもなかった。

図11 イギリスのトニー・ブレア首相

ドビルパンはアメリカが性急に行動していると非難し、「安保理では、いつでも、急いでいたり、理解が不足していたり、疑心暗鬼になっていたり、恐怖心を持っているような状態では、何事も成され得ないだろう」と結論づけた。この非難は、二月のパウエルの説明の後の国連事務総長主催の私的な昼食会の席上で、ドビルパンがパウエルに対して行った初期の批判に付け足されたものであった。このとき、ドビルパンはパウエルに対して、「あなた方アメリカ人は……イラクを理解していない。ここはハールーン・アッ＝ラシードの土地だ。あなた方は一ヵ月でここを破壊できるかもしれないが、この地に平和を築くには一世代かかるだろう」。七八六年に地中海からインドまで帝国を広げたアッバース朝の第五代カリフに言及したのは、先見の明があったと言えよう。

4　戦争に訴える

三月七日、ブリックスとエルバラダイは安保理で最終報告を行い、査察の進展を強調した。この報告は、安保理でイラク情勢に関する公開討論が再び行われたことを受けたものであった。ブリックスは、イラク全土で予告なしの抜き打ち査察を十分に行うことができ、また航空機による上空からの監視にも助けられ、以前と比べてＵＮＭＯＶＩＣの査察能力が向上したと報告した。安保理がＵＮＭＯＶＩＣに十分な時間を与えることができさえすれば、イラクが提出した追加的文書や、イラクの治安組織に妨害されない聞き取り調査手続きに関する未解決の問題も解決することができるであろう。

しかし、その代わりにブリックスは、イラクが大量破壊兵器プログラムを再構築したという疑惑の根拠となった、「諜報当局は、大量破壊兵器がイラク国内をトラックで移動しており、とくに生物兵器の移動生産装置が存在すると主張している」という諜報情報に批判の矛先を向けた。実際、パウエルは、イラクが生物・化学兵器の製造用設備をトラックに隠していることを主張して譲らなかった。ブリックスは、「移動式製造施設に関連して、申告された地点と未申告の地点とで数回の査察が行われた」と報告した。「食品検査用の移動式実験施設や移動式製造施設、種子加工用の大型コンテナなどが発見された。しかし、今のところ禁じられた活動の証拠は見つかっていない」。ブリックスはまた、イラクが地下に兵器を貯蔵しているという情報機関の主張にも回答し、「化学的・生物学的な製造または貯蔵のための地下施設は、これまでのところ見つかっていない」とも付け加えている。

ブリックスは、こうしたUNMOVICの成果を強調するため、イラクが安保理決議違反とされた弾道ミサイルの廃棄に踏み切ったことを報告した。ブリックスは、「私たちはつまようじが折られるのを見ているのではない。致命的な兵器が破棄されているのだ」と説明した。ブリックスは、UNMOVICに残された未解決の武装解除の課題について、必要な分析を行うのに、「何年も、何週間も、あるいは何ヵ月もかかるわけではないだろう」と結論づけた。ブリックスは、イラクが安保理決議に重大な違反をしているかどうかを判断する立場にはない、と主張していた。しかしその一方で、彼は兵器査察官としての自分の役割について、彼なりの定義を持っていた。ブリックスは、あるアメリカ人の同僚との会話を思い出して、「私がそのような判断を下すのは差し出がましいことだ」と語ったところ、彼は「ハンス〔ブリックスのファーストネーム〕、彼らはあなたが差し出がましく振る舞うことを望んだんだよ」と答えた。「まあ、そうだ、彼らの思い通りになったのなられね。でも、その逆だったら、そうはならなかっただろう！」。ブリックスのこうしたどちらにもとれるような態度は、安保理で武力介入に反対する人々にとって慰めにはならなかった。

一方、エルバラダイは、IAEAの報告書に対してより率直な意見を述べた。IAEAの任務は、査察団が去ったあと、イラクが核兵器計画を復活させたか、あるいは復活させようとしたかを判断することであると改めて説明し、イラクが強力な産業基盤と初期の核計画を持っていたことが知られていた一九八〇年代以降のイラクの産業能力の劣化を強調した。イラクの産業能力の全体的な劣化は、「イラクが核兵器計画を再始動する能力と直接関係する」ものであった。

ブリックスと同様、エルバラダイも情報機関の主張には批判的で、アメリカが遠心分離機用と強調していたアルミチューブをIAEAが検査したことを報告し、「広範な現地調査と文書の分析によっても、これらの八一ミリ・アルミチューブをロケットのリバース・エンジニアリングに用いるプロジェクト以外で、イラクが用いようと意図した痕跡は何も発見できなかった」と結論づけている。また、イラクが高強度磁石の輸入を試みたというほかの訴えについても、エルバラダイはIAEA所属の専門家が、くだんの磁石は遠心分離機を用いる濃縮施設での使用には不向きであると結論づけたと説明した。また、イラクがニジェールからウランを輸入しようとしたという情報をIAEAが評価中との先の報告に戻り、「外部専門家とも意見の一致するところとして、イラクとニジェールのあいだの最近のウラン取引に関する報告の基礎となったこれらの文書は、事実上、本物ではない」と結論づけた。

ブリックスは、のちにアメリカが「イラクに核兵器開発を継続させるという無節操な熱意から、モハメド［エルバラダイのファーストネーム］の暴露を受けて、情報の品質管理の甘さに悩まされることになる」と発言した。しかし、エルバラダイは、「IAEA査察官の多くにとっては、何度も調査を行った場所であり、馴染みの顔ぶれであるため、IAEA事務局として判断にはそれなりの自信があった」と説明し、自分の調査結果を正当化している。エルバラダイはブリックスとは異なり、イラクが核兵器を保有しておらず、その核兵器開発計画を再構築する能力もないと確信していた。

安保理でこの査察報告書に反応を示したのは、またしても各国の閣僚たちであった。パウエルはこの報告書を真っ向から否定し、「イラクが本当に武装解除を望んでいるのなら、移動式生物実験装置やその類の装置を探す手段を用意する心配はなく、それらは我々に提示されるはずだろう。存在することがわかっている地下施設を探すための大規模なプログラムも必要ないだろう」と主張した。パウエルは、IAEAがイラクの核兵器能力について過去に一度間違いをしたことから、「我々は非常に慎重でなければならない」と安保理に警告した。

パウエルは、UNMOVICがまとめた未解決の武装解除問題に言及し、この報告書は依然としてイラクが脅威であることを示していると発言した。ストローもパウエルと同様に査察団を軽視していた。一一月以降、査察は実質的な進展を見せていなかった。「イラクの全面的かつ積極的な協力が得られない場合、終了日を定めずに査察を続けることで完全な武装解除が達成されるというのは、経験上もありえないことだ」。イラクの武装解除を実現するために残された唯一の選択肢は、「我々の外交を信頼できる武力の行使によって裏打ちすること」だとストローは念を押した。

ストローは、外交上の猶予措置としてアメリカと共同提案した新決議が、イラクが安保理の要求に応じるための期限を求めるものであることを安保理に確約した。しかし、イラクへの武力行使を正当化する決議が安保理内で支持される気配はなかった。イワノフ外相と唐家璇外交部長は、危機の解消に向け、いかなる武力行使を含む決議にも公然と反対する姿勢を示していた。ロシアによれば、兵器査察は数年ぶりに機能していたが、査察団の任務を時期尚早に切り上げてしまうことで、安保理はその権威を失ってしまった。

イラクに対するブッシュの一方的な姿勢への反発は、イワノフの問いかけによってより具体的なものとなった。それは、「国際社会の真の利益とは何か。たとえ困難ではあっても、明らかに実りある査察団の仕事の成果を存続させることか、それとも不可避的に膨大な人命の損失をもたらし、地域と国際の安定に深刻かつ予測不可能な結果をもたらす武力の行使に訴えることか」というものであった。ドビルパンも、反対意見の大合唱に応え、兵器査察団がイラクは国際社会にとって、一九九一年当時よりも脅威でなくなったという結論を導き出したことを以て、イラクが事実上武装解除された、と付け加えた。サダム・フセインの意図に対する強迫観念が、アメリカの戦略的ビジョンを曇らせていた。

ドビルパンはパウエルに向かって直接、「これは体制転換の問題なのか？　それともテロとの戦いの問題なのか？　あるいは、これは中東における政治情勢の再構築のための問題なのか？」と問い掛けた。フランスは、九・一一以降のアメリカの危機感には共感を持っていたが、現実的な問題としてイラクはテロ攻撃とは無関係であり、イラクとの軍事的対決ののちに世界がより安全な場所になる保証もなかった。このような状況下で、フランスには選択の余地がなかった。ドビルパンは、「安保理の常任理事国として、フランスは自動的な武力行使を認める決議の採択を許さない」と表明した。

会議終了後、エルバラダイは、兵器査察官の報告書に対する米英の扱いに痛烈な評価を下した。エルバラダイは、IAEAについて「彼らは『いつでも、どこでも』広範囲にわたる権限のもとで、イラクで何年も活動してきた。我々はこの国を縦横無尽に駆け巡った。あらゆる核関連分野の科学者に聞き取り調査を行った。機器を廃棄し、記録を押収し、残留している核物質をIAEAの封印下に置き、アル・アティールの核物質生産施設を破壊した。二〇〇三年を一九九一年になぞらえるのは、意図的な歪曲行為である」と説明した。実際、イラクのモハメド・アルドゥーリ大使は、最後の発言で「イラクに対する戦争は破壊をもたらすであろうが、それによっていかなる大量破壊兵器も発掘されることはない。その理由は非常に単純で、一部の人の空想のなかにしか、そうした兵器は存在しないためだ」と安保理に警告することしかできなかった。

米英の兵器査察団に対する圧力にもかかわらず、二月下旬に武力行使を認める決議案の成立に失敗して以来、米英の立場へのさらなる支持はなかった。わずか数週間のうちに二度目となる安保理での公開討論が二日間にわたって行われ、最終手段である場合を除いて、イラクとの戦争に異議を唱える声が国連加盟国内に広がっていることが示された。安保理がイラクでの地上戦開始の期限とされる三月一七日に近づくにつれ、安保理メンバーはイラクに条件をつけて紛争勃発を一時停止させる決議案を交渉しようと試みた。この妥協案では、イラクに対して武力行使の最後通告に相当する一連の課題を完遂することを要求し、未完了の課題があれば武力行使に踏み切るというものであった。しかし、三月一四日には交渉が終わっていた。安保理の非公式会合では譲歩案が示されたが、

図12　ジョージ・W・ブッシュ大統領

「チリをはじめとする五つの非常任理事国が作成した草案は撤回され、欧州連合の大使は議論に何の収斂《しゅうれん》もない会合を開き、五常任理事国の会合は中止され、クウェートにおける戦車の下以外では何の牽引力もない［何一つ成果を伴わない状況の意］」有り様で、いかなる合意も生み出さなかった。

　安保理がアメリカを支持しなかったことを受け、国連の反対にもかかわらず小さな連合を形成しようと、アメリカとイギリスは、武力行使を支持する同盟国、すなわちアメリカ、イギリス、スペインによる会議をポルトガルのアゾレス諸島で開催した。アゾレス島で、ライスはこう振り返った。「我々は、一致団結した国際社会が実現しないことを悟り、むしろ憂鬱な気分で座り続けていた。我々は、有志連合によってサダムに立ち向かうか、あるいはまったくそうしないかのどちらかであった」。

　このことは、ブッシュ（図12）にとっては少しも気にならなかった。この会議で出された声明は、決して平和的なものではなかった。会議の様子をニューヨークから生中継で視聴していたブリックスは、はっきりとサダム・フセインに非難が集中していたことを指摘している。首脳陣は「サダムが一二年間も国連決議を公然と無視してきたことに言及した。責任は彼にあるということだった。もし紛争が起きれば、アメリカとその同盟国はイラクの領土保全の確認を求めるであろう。いかなる「軍事的プレゼンス」も一時的なものであろう」と語った。アゾレスの声明は、イラクに対する最終的な宣戦布告に相当するものであった。一七日月曜日、国連の兵器査察団は、起こりうる武力行使に先立ち、イラクから撤退するよう指示された。

アメリカが国連の明示的な承認なしに強引に行動するのは、今回が初めてではなく、またこれが最後でもないだろう。ライスは「一九四八年のトルーマン政権下でのベルリン大空輸から、一九九九年のNATOによるユーゴスラビア空爆に至るまで、関係した連合国はそのような特別な権限なしに行動してきた」と説明した。ライスは、「我々は、決議一四四一およびそれ以前に採択された一六の安保理決議はいずれも、サダム・フセイン（図13）が国際平和と安全に対する脅威であるという国際社会の見解を十分すぎるほど適切に表明していると確信した。そして、我々の見解では、『深刻な結末』とは何らかの意味を持つものでなければならなかった」。実際、ジョージ・H・W・ブッシュでさえ、一九九一年に国連の支持を得ずにイラクとの戦争に踏み切る意向をある程度表明していた。しかし、二〇〇三年、アメリカがほとんど味方のいない状態で国連と袂《たもと》を分かった時、コフィー・アナンは安保理の分裂ぶりに失望を表明した。イラクで発生した人道的危機を防ぐどころか、「明らかにこれから始まろうとしている紛争は、事態をさらに悪化させかねない――おそらくはるかに悪化させることになるだろう」と述べた。国連は、紛争後の状況に対応するための規定があることを確認しなければならなかった。し

図13　サダム・フセイン

かし、アナンは「国際法上、紛争下の民間人を保護する責任は交戦国にある。そして、いかなる軍事占領地においても、住民の福祉に対する責任は占領国にある」と強調した。国際的な支援の欠如は、ブッシュにとって重要な問題ではなかった。翻《ひるがえ》って、ブレアにとっては問題はまったく別なところにあった。ブレアはこう振り返る。

私は、政治の世界ではありえないほど孤立していた。一方では、アメリカは苛立ちを隠せず、私も基本的にはその主張に同調していた。サダムは脅威であり、彼が国際社会と完全に協力することは決してなく、サダムが権力を失ったほうがイラクはもちろん、世界にとっても良いことなのだ。私の直感は彼らと一緒だった。我々の同盟は彼らとともにあった。私は九月一一日以降、「肩を並べる」ことを約束した。そして、私はそれを果たす決意をした。

イギリスの支持を受け、国連からの警告のなかで、ブッシュは二〇〇三年三月一九日にイラク侵攻に先立つ空爆を承認した。イラク戦争は二一日間の大規模な戦闘を含めて一ヵ月余り続き、アメリカ、イギリス、オーストラリア、ポーランドから成る連合軍がサダムを打ち破った。記録上、七〇〇〇人以上のイラク市民が死亡し、さらに一万七〇〇〇人が負傷したとされる。ジョージ・W・ブッシュはついに、自分が望んだ戦争、自分が望んだ体制転換を勝ち取ったのである。そして、彼は自分のやり方を手に入れた。アメリカ外交の軍事化が完了したのである。選択的な戦争は、終わりのない戦争の時代の幕開けとなったのであった。

第6章　グローバル化時代の外交

1　グローバル化の進展と外交システムの変容

「グローバル化時代の外交」は、グローバル化する世界で直面する外交的課題を論じている。グローバル経済システムの外交は、多国籍企業の活動から、グローバルな経済領域での政府間組織（IGOs）、とくに世界貿易機関（WTO）の介入に至るまで多岐にわたる。これらはいずれも、伝統的な外交システムの内外で活動する重要な外交の網を張っている。また、非政府組織（NGOs）は、教育、医療、福祉、災害救援、そして小規模なインフラ整備など、資源不足や政治的意思のない政府が担えずに置き去りにしたサービス・ギャップを埋める重要な役割を担っている。

グローバル化時代の外交は、国家や政府の外交をはるかに超えたものとなっている。もちろん、一九二八年のハバナ条約に基づく法的形式が、国家の外交のみを認めているのは今でも事実だと主張されるかもしれない。また、伝統的な外交の機構全体が健在であることを否定することもできない。そして、実際にそのとおりである。この外交の機構には、広範な領事ネットワークが含まれる。そして、それは現代の顕著な特徴の一つである人々の大規模かつ継続的な移動に関連する問題や、日々のメディアに影響を及ぼしている人道的災害などの課題のために維持されているのである。

別な側面では、国家が制度的にも、対外的にも、外交の慣習を変える必要に迫られたことが挙げられる。これら二つの変化が最もわかりやすく観察されるのは、正式な外交機関の縮小である。たとえば、オーストラリアは在外公館数でOECD加盟三四ヵ国中二〇位（一一八ヵ所）にまで後退しており、南アフリカ（一二四ヵ所）、チリおよびポルトガル（一二八ヵ所）、そしてハンガリー（一三一ヵ所）よりも少ない。外交機関が直面する絶えざる財政危機、国家外交が実際に今日、何のためにあるのかという不安な議論が常に存在するなかで、結果として「パブリック・ディプロマシー（広報文化外交）」という方針が出現するに至ったのである。

しかしながら、世界的な貿易秩序が急速に変容しつつあることを考えれば、多国籍企業（TNCs）の活動から、世界貿易機関（WTO）を中心としたグローバル経済における政府間組織（IGOs）の介入に至るまで、世界経済システムを巡る外交を無視することはできない。この変革は、WTOや欧州連合（EU）の加盟国として長期的にその推進者であった欧州の（大小の）開放経済圏に挑戦するものである。しかし、WTOに基づく秩序は、二〇〇〇年代半ばまでに制度面で硬直した状況に陥っていた。こうした硬直化状況の解消をめざしたのが、二〇一六年のカナダ、EUおよびその加盟国間での包括的貿易投資協定（CETA）や、環大西洋貿易・投資パートナーシップ協定（TT

IP）提案といった、ミニラテラルな（少数国間の）自由貿易協定であった。これらの交渉は、貿易・投資関係における非対称的な深化のもとに、EUの通商政策を主たるフロント・ランナーの位置へと押し上げた。しかし、二〇一〇年代半ば以降、自由主義的な貿易秩序は、保護主義的な批判を強めるさまざまな人々によって、公然と批判されるようになった。一方的な輸入関税の脅威、現実の二国間貿易戦争、さらにはブレグジット［イギリスのEU離脱］の抱える矛盾といった問題に加えて、米中貿易戦争によって、待望のWTO改革が議題として明確に浮上してきたのである。

これらの動きはすべて、伝統的な外交システムの内外で活動する重要な外交の網を形成している。市民社会組織（CSOs）の外交という、もう一つの広大な外交活動領域についても同じことが言える。いずれにせよ、幻のような国家や、破綻国家、もしくは破綻の危機に瀕している国家、内戦、国際テロリズムなどの展開により、国家とNGOs（非政府組織）、NGOsとIGOs、そしてNGOs同士による緊急のコミュニケーションが持たれるという、まったく新しいグローバルな世界が誕生した。

二一世紀のグルーバル化の特徴は、グローバルな関係性が複雑化し、情報が世界を駆けめぐるスピードが速まり、外交活動の新たな道が開かれ、同時に新たな参入者が増えることにある。良くも悪くもグローバル化により、金融危機やパンデミックといった、一見すると局地的で突発的な危機であっても、世界はより敏感に反応するようになった。二〇〇八年に発生した世界金融危機は、世界経済に連鎖的な影響を及ぼしたが、これは単なる教訓でしかなかった。一八八の国と地域が感染し、数十万人の魂が失われ、数百万人の感染者が確認され、世界経済が打撃を受けた二〇二〇年の新型コロナウイルスパンデミック危機（COVID－19）は、まさにこのことを示す警告であった。甚大な問題を引き起こすと思われる気候変動の影響も、すでに始まっている。それは北極圏のような、ますます氷がなくなり航行が可能になる地域を経由して、地政学にも影響を及ぼすであろう。

同様に重要なことは、変動するグローバルな関係性のなかで、あらゆる種類の安全保障問題が予期せぬかたちで現れ、そのかたちや範囲が急速に変化することが事実上、確実だということである。人間の安全保障上のリスクとは「多様なもの」だと考えるのが妥当である。つまり、ある時点において、人々とそのコミュニティは政治的な暴力や環境上の欠乏状態に陥ることがあり、それらは個々に食糧難、経済的困難、犯罪、疾病、人権侵害といった多くの将来的な危険を引き起こしかねないものである。安全保障上の危機を単に軍事的、環境的、社会的、財政的に定義してしまうことは、リスクの道筋を形成する相互に関連した出来事や意思決定、思想、あるいは信念の織りなす「紐」や「糸」を軽視することになる。

2　人間の安全保障

複合的な危機

人間の安全保障上の危機は、通常、相互に関連するリスクの領域に「集積」されているが、そこには常に問題がある。リスクを恣意的に分類する場合、たとえば、人間の安全保障上のリスク分析は、リスク要因間の相互作用のダイナミクスを理解することなく、挫折しがちである。たとえば、麻薬の取引は、先進国と発展途上国のあいだのいくつかのコミュニティの運命を、たとえ関係する個人の数は非常に少なくても、一時的に結びつけることになる。

国連薬物・犯罪事務所（UNODC）によると、二〇〇五／六年の一二ヵ月間で、世界人口六四億七五〇〇万人のうち、推定二億人が違法に薬物を使用したとされている。そのうち、一億一〇〇〇万人が毎月薬物を使用しており、全世界の労働年齢人口（一五～六四歳）の〇・六％に当たる二五〇〇万人が「問題ある薬物使用者」に分類された。アメリカの年間麻薬管理予算だけでも、二〇〇四年には一二五億ドルを数えたが、二〇一八年には二七五億七〇〇〇万ドルに拡大し、アメリカの国連への拠出金総額の三倍以上となっている。これは、アメリカにおける麻薬「問題」の規模を示すものであり、麻薬中毒者の数をはるかに超えて、密売人の腐敗した影響力や、中毒者を包み込む犯罪行為の網にまで及んでいる。警察官や政府関係者の腐敗は、法の執行と政府機関に対する国民の信頼をさらに蝕《むしば》んでいる。地域レベルでは、ラテンアメリカの麻薬生産は正当な政府を揺るがし、中央政府の統制が及ばない地域に事実上の「麻薬国家」を作り上げてしまっている。

灰色のサイ

元世界銀行のエコノミスト、ニコラス・スターンは、高い確率で起こりうる、大きな影響があるにもかかわらず無視されている事象について、灰色のサイに喩えて指摘した。そのなかで、早い段階から、気候変動が経済や社会に及ぼす影響について、憂慮すべきグローバルなシナリオを提示している。スターンは、気候変動に関する科学的データを統合し、地球の大気の温暖化によって生じる自然災害と人的災害をスライディング・スケール方式で算出した。最悪のシナリオは、地球の温度が五度上昇し、海面が上昇し、沿岸の低地が広範囲に水没し、事実

図14　パリ協定でのバラク・オバマ大統領

上、世界人口の三分の一に相当するインドと中国の食料安全保障を脅かす水不足が広まるというものであり、地域とグローバルなレベルでの経済的、政治的な安全保障に明白な悪影響をもたらすものである。また、異常気象や山火事はもちろん、ミシシッピ・バレー地域が広大な内陸湖になるなど、アメリカでさえも地球温暖化の被害を免れることができない。現実に起こることとして受けとめられるのには時間がかかったが、それでも外交的な助けはあった。

　パリ協定は、一九五ヵ国の代表がパリにおける国連の会議で交渉し、二〇一五年一二月一二日の合意で採択された、人為的な気候変動対策、すなわち二〇二〇年からの温室効果ガスの排出、緩和、資金に関する初の包括的でグローバルな協定である。その内容は、理想的な世界において、世界の平均気温の上昇が二度を大きく下回るように抑えようというものであった。アメリカのバラク・オバマ大統領による条約への署名の決定（図14）は、気候変動運動に大きな希望をもたらした。しかし、二〇一九年にドナルド・トランプ大統領がパリ協定からの離脱を正式に決定すると、アメリカは協定から最初に離脱した国として、この世界的協定に甚大な打撃を与えた。いずれにせよ、世界最大の経済大国であり、二酸化炭素の排出量において世界第二位であるアメリカの離脱は、気候変動協定にとって深刻な後退となったのである。しかしながら、ジョー・バイデンがトランプ大統領に勝利したことにより、アメリカは気候変動に関して一八〇度方針を転換することになる。バイデン政権は、トランプ大統領が廃止した数十もの環境保護策を復活させ、アメリカのどの大統領よりも大胆な気候変動計画に着手すると約束したのである。

人間の安全保障への取り組み

人間の安全保障委員会が二〇〇三年の報告書で論じているように、紛争予防、疾病撲滅、貧困削減、持続可能な経済開発、食糧安全保障、人権の推進は、安全保障上の課題として相互に関連し合っている。このように定義された人間の安全保障の対象領域は、国連のミレニアム開発目標（MDGs）に示された目標（全部で八つ）とよく合致していた。MDGsは、新たな革新的パートナーシップを生み出し、世論を喚起し、国連とその専門機関が野心的な目標を設定することに大きな価値があることを明らかにした。MDGsは、人々とその緊急のニーズを前面に押し出すことで、先進国、途上国を問わず意思決定のあり方を変え、一〇億人以上の人々の生活を極度の貧困から救い、飢餓を克服し、これまで以上に多くの少女が学校に通えるようにし、環境を保護することに貢献した。しかし、それだけではない。

二〇一五年九月、国連総会は、「誰一人取り残さない」という原則に基づき、すべての人のための持続可能な開発を達成するべく、全体的なアプローチを重視しながら、持続可能な開発目標（SDGs）の二〇三〇アジェンダ（全一七項目）を採択した。二〇三〇年までに貧困をなくし、地球環境を守り、すべての人々が平和と繁栄を享受できるようにするために、公平性、人権、差別の撤廃を強化し、普遍的な行動を呼びかけるものであった。ＳＤＧｓは、ＭＤＧｓから学んだ貴重な教訓を活用している。また、ＳＤＧｓはＭＤＧｓの未完のアジェンダを継続して遂行し、ＭＤＧｓが生み出したモメンタムを維持する一方で、包括性、公平性、そして都市化という新たな課題に取り組み、ＣＳＯｓや民間企業を含むグローバルなパートナーシップをさらに強化している。

ＳＤＧｓを達成するためには、取り組むべき大きな課題がある。そもそも、ＳＤＧｓのなかにはコスト計算がされているものもあり、たとえば、貧困を撲滅するためのセーフティネットの整備にかかるコストは、概算で年間約六六〇億ドルに上るとされている。また、進捗をどのように測定するかという問題もある。多くのターゲットは単純に数値化できず、その進捗を測定するための指標もまだ特定されていないのが現状である。さらに、あらゆる次元で、インプットに対する慢性的な説明責任の欠如という問題もある。この問題はＭＤＧの段階では適切に対処されなかったし、ＳＤＧの段階においても改善が見込まれる兆しはほとんどない。より差し迫った問題は、不平等が拡大し、発展も一様ではなく、貧困層が一部の地域に圧倒的に集中してしまっているこの世界で、広義の外交を通じて平和を維持することにある。さらに、ジェンダー、年齢、障害、あるいはエスニシティなどの理由で不利な立場に置かれた人々を加えると、より深刻な状況が浮かび上がってくる。

非国家主体による国際の平和と安定に対する脅威は、グローバル・ノースとグローバル・サウスの双方にとって大きな障害となり続けている。人々は恐怖に怯え、移動している。二〇一九年六月に発表された国連の「グローバル・トレンズ・レポート」によると、二〇一八年末時点で約七〇八〇万人が行き場を失い、その年だけで一三六〇万人が新たに避難民となっていることがわかる。全体の四一三〇万人が国内避難民で、そのほとんどが出身国の近隣諸国に居住している。二六〇〇万人が難民とみなされ、その五七パーセントがシリア（六七〇万人）、アフガニスタン（二七〇万人）、そして南スーダン（二三〇万人）という三ヵ国からの避難民で占められており、三五〇万人が亡命希望者とされている。言い換えれば、一日に三七〇〇〇人が紛争や迫害のために故郷を追われたことになる。二〇二〇年のCOVID－19パンデミック危機の勃発以降、国連の推計によれば、さらに二億四七〇〇万人が飢餓と餓死の方向へと押しやられているとされる。

3　大国間競争

モスクワが支配する共産主義の終焉《しゅうえん》、とくにベルリンの壁が崩壊した一九八九年一一月八日の夜と、ソビエト連邦が正式に廃止された一九九一年のクリスマスの出来事は、冷戦という二極世界の終焉の予兆となり、西側の政策立案者たちは、世界政治を舵取りするための理念上の青写真を持たぬまま、取り残されてしまった。封じ込めと相互確証破壊の代わりに、アメリカの「勝利主義」という名の仮面をかぶった、派手な楽観主義が定着した。大きな脅威は過去のものとされ、歴史の終わりが到来したと思われた。民主主義は冷戦に勝利したのである。しかし、これほど現実離れした話はなかった。

ロナルド・レーガンとミハイル・ゴルバチョフは、米ソの核軍拡競争を止めることに成功した。その後のソビエト帝国の崩壊は、ゴルバチョフの改革の意図せぬ副作用として生じたものであったが、しかし、冷戦の終結はそうではなかった。レーガンは首脳外交で高い評価を得ているが、モスクワとワシントンの相違点を解決する能力を麻痺させていたイデオロギーの拘束を解いたのは、ほかならぬゴルバチョフ書記長であった。

政治的に弱体化したとはいえ、ゴルバチョフはアメリカの軍事的優位に何ら譲歩することはなかった。彼は決して弱者の立場から交渉したのではなかった。そして、そのことによって彼はより大きな政治的、さらには物理的なリスクに直面することになったのである。これらのことを総合的に考慮すると、ゴルバチョフがいなければ冷戦の終結はまったく違ったかたちで、しかも危険なものとなっていたかもしれない、との結論は避けがたい。

冷戦後の数十年間、アメリカは国家建設、テロとの戦い、人道的支援や災害救助に外交の焦点を合わせてきた。この間に起こった出来事は外交の道を切り開いたが、それは同時に馴染みのない、複雑なものであった。そして、この危険で不確実な世界に、新たな大国間競争の時代が到来した。この国際システムの構成要素は、冷戦時代よりもはるかに多様であり、また、その陣容も制御することは困難であった。

新しい時代は、一九三九年以前の少なくとも三世紀にわたって世界政治を特徴付けてきた多極性の再出現を思わせるものであった。むしろ、それはより極端なものであったと言ってよい。最も重要なことは、アメリカが日本の真珠湾攻撃以前の政治的な孤立主義に立ち返るかのような、「アメリカ第一主義」の外交戦略を追求したことである。そのため、ライバルである中華人民共和国やプーチン率いるロシアなどの大国、イランや北朝鮮などの劣勢な国々、そして欧州連合などの多国間機構に、アメリカの無関心を逆手にとられ、各国の利益を拡大・保護する余地をもたらした。国連は、平和と安全の維持において、ますますその妥当性を失っているように思われた。二〇一〇年以降、とくに二〇一七年以降は、国益が集団的な関心事よりも優先され、貿易協定はますます個々の国のあいだで交渉されることとなった。七〇年以上にわたって大国の思考を支配してきた、世界的な経済統合が人類の進歩に相当するという信念は、いたるところで守勢に回っていた。

そして、仮に二〇二〇年の大統領選後に、アメリカがより国際主義的な立場へと回帰したとしても――それは疑わしいかぎりだが――トランプ以前の世界を再構築することはできない。アメリカの後退に励まされ、自分たちが得たものを放棄したり、拡張を見合わせたりするのを良しとしない中国とロシアは、それぞれインド太平洋でアメリカの居場所を奪い、国境付近に影響圏を確立する政策をとっている。イランと北朝鮮もそれぞれに地域の覇権を目指し、その歩みを続けていくであろう。そのようななかで、多国間主義を掲げる地域機構は、独自の外交を拠りどころとする必要があろう。

4 外交と多国間主義

多国間による意思決定の外交に基づく国際秩序の醸成と維持は、グローバルな問題で発言力を持つ小国や中堅国の利益につながるだけではない。当然、大国にとっても重要な関心事であり、(彼らが) 多国間機構が設定したルールを尊重し遵守するならば、自らの行動に正当性を得ることがでこと、小国のコンプライアンスも獲得できるのである。多国間主義はまた、リソースを集中させることによって、すべての行為主体の行動コストを減少させることができる。これは、とくに世界が環境、安全保障、保健衛生上の課題に直面しており、多額の投資と国家間の協調を必要とする場合にはきわめて重要な点である。しかしながら、国際機関や国際規範に関する現状は、中国やロシアからインドやアメリカに至る強大な国家間において批判を受けている。

近年、外交の現状を形成する国際政治の舞台においては、一国主義的、利己主義的な行動が散見されるようになった。しかし、それらは多国間の対応に委ねられることも少なくなかった。二〇一四年のロシアによるクリミア併合は、強化された前方プレゼンス（EFP）および、NATOの抑止力に再び注力する流れを生んだ。イギリスも同様に、常設軍事協力枠組み（PESCO）などに見られるように、EU域内の安全保障と防衛の統合をより深化させることに貢献した。それでは、核軍備管理体制の崩壊や、「一帯一路」構想、あるいは南シナ海での領有権の主張を通じた中国の世界的な関与に際して、果たして、それに応じた対処が期待できるのであろうか。同様に重要なのは、多国間主義そのものの再定義について、おそらく、一層多くの関心が払われることであろう。小国は多国間主義以外の選択肢を持たないことが多いが、とくにすべての主要なプレーヤーの安全保障に影響を与える新しい課題や脅威には、新たな外交上のアプローチが求められることになるのではないか。COVID－19以降の世界で、国際的なコンセンサスの欠如がもたらす課題を含む新たな挑戦により、これまでにない多国間主義の形態であるとか、大国間での新たな駆け引きがもたらされる可能性も十分にある。

さらにブレグジットは、その最終形態がどのようなものになるにせよ、ＥＵとその加盟国の外交を一変させ、同時にイギリスの戦略的、経済的、政治的な立ち位置も大きく変化させることになるであろう。かつては政府が担っていた人道、開発などの分野では、非国家主体が「ソフトパワー」を用いて主導権を握り続けるであろうし、公的な国家運営もこの外交戦略に依存することになるであろう。さらに、核拡散、地球温暖化、激しい地域紛争、国際テロリズム、破綻国家、または破綻の危機に瀕した国家などの困難な問題が加わり、二一世紀の外交の課題はきわめて厳しいものとなっている。

5　危機的状況下での外交

予防的行動センターが外交問題評議会の協力を得て、毎年実施している予防的優先事項調査（ＰＰＳ）では、現在進行中の紛争および潜在的な紛争が近い将来に発生する可能性と、広義のアメリカの世界的利益に対する影響に基づいて評価している。このように、ＰＰＳの目的とは、アメリカの外交・政策コミュニティ（およびその国際的カウンターパート）が競合する紛争予防や、危機の緩和の必要性について、優先順位を付けられるようにすることにある。すなわち、ＰＰＳは大国間競争の新たな時代において、首脳外交が望ましい手段であることを念頭に置きながらも、政策立案者に、どこに、どのレベルで注意を向けるべきかを助言するためのものだと言える。これらの問題は新しいものではなく、外交的解決も容易ではなく、すぐに解決できるものでもない。しかし、そのなか

図15　ドナルド・トランプ大統領と金正恩委員長

でも以下の五つの問題はとくに際立っていると言える。

ＰＰＳ２０２０の調査で明らかになった最初の不測の事態は、イランによる地域紛争の関与や、過激派の代理組織への支援をめぐって、イランとアメリカ、またはその同盟国とのあいだで武力衝突が起きることである。イラン政府がホルムズ海峡の石油の流れを遮断したり、イラクやレバノンなどで代理に民兵を使ったりする能力は疑いようもないものである。なお、よく分かっていないのは、そこに至るまでのイラン指導部の覚悟の深さである。第二の不測の事態とは、米朝非核化交渉の破綻と長距離ミサイル実験の再開に続く、朝鮮半島の重大な危機である（図15）。朝鮮半島における二〇一九年の最大の懸念とは、この交渉の決裂を受けて緊張が高まることであった。当時から懸念されていたのは、北朝鮮が交渉のない状態で長距離ミサイルや核兵器の実験を続けることで、危機の発生する可能性が高まるということであった。

第三の不測の事態は、南シナ海の係争海域をめぐり、中国と一つまたは複数の東南アジアの権利主張国（ブルネイ、インドネシア、マレーシア、フィリピン、台湾、ベトナム）とのあいだで武力衝突が起こることである。この危機は、アメリカが「航行の自由」のもとに、当該国際海域の航行を要請したことで、何年にもわたって醸成されてきたものである。経済の二極化が進む米中貿易戦争は、米中関係が恒久的な対立に凍りつき、戦争への序曲となりかねないという不吉なシグナルを発している。第四の不測の事態は、ウクライナ東部での戦闘の激化や、戦闘地域での軍事衝突に伴う、ロシアとウクライナのあいだの深刻な危機という形をとるものである。二次的な懸念としては、東欧におけるロシアの強硬な態度に起因する、ロシアとNATO加盟国との意図的、あるいは意図せざる衝突が挙げられる。

これらに加えて、第五の不測の事態として、核兵器の拡散を阻止することが必要である。核拡散と核不拡散はしばしば混同されることがある。核兵器の保有が国家にもたらすとされる利益（国家の独立の確保や侵略からの防衛など）を考えれば、半世紀前に誰もが予想したよりもはるかに少ない一桁台の国家（アメリカ、ロシア、イギリス、フランス、中国、インド、パキスタン、イスラエル、そして北朝鮮）しか核兵器を保有していないという事実は、まったく驚くべきことである。なぜ国家は原爆を作るか作らないかを決定するのか。抑止力を高めるには、どれだけの核兵器といかなる戦略が必要なのか。そして、「核の傘」を同盟国にまで拡大することは可能なのか。という、五〇〜六〇年前に我々が抱いた疑問と同じような疑問に対して、いまだに明確な答えがないことも、もどかしさを感じる以前に、やはり驚くべきことと言えよう。核兵器による国家運営にふさわしい知的謙虚さを受け入れる代わりに、核兵器廃絶や核外交を提唱する人々は、しばしば断固として主張を押し進めようとする。しかし、いずれにしても、イラン、北朝鮮、あるいはロシアのいずれに対しても、核外交の実践には困難を伴う。

結局のところ、なぜ熱核戦争が起きないのか、そして、この状態を維持するために外交には何ができるのか、ということを理解するのが我々にとって最大の関心事であり、行動する外交への明確な呼びかけなのである。核抑止力が他国の兵器の使用を防ぐことに対する強い直感はあるものの、いまだ起こったことのない出来事について、政策を立案するのは不可能に近い。しかし、抑止力は恐怖、決断、保証といった心理的な特性に基づいているため、抑止が失敗したあとでなければ、観測や測定は困難である。二一世紀の三〇年代は、冷戦時代に立案された核に関するルールが失われ、核保有国が極超音速兵器を含む兵器や、核兵器の運搬システムの近代化を急ぐという重要な局面を迎えている。核体制の未来は、まさに未知の海域にあると言わざるを得ない。

イギリスの外交官ジェレミー・グリーンストックは、「人間とは本来、闘争を好む破壊的な種であり、だからこそ、あらゆる平和的な交流の機会を最大限に生かすべきである」と説いている。これは、外交と戦争は表裏一体であり、前者に最大限の注意を払わないかぎり、その時々の重大な問題は暴力によって解決される可能性があり、またそれを予想すべきであることへの、彼一流の丁寧な言い回しなのである。歴史的に見れば、これは常にそのとおりであり、紀元前五世紀にトゥキュディデスがペロポネソス戦争について書き記した時から、この点ではあまり変化していないのである。もちろん、変化したものといえば、我々の対立する種族が自在に用いることのできる武器と暴力のレベルの大きさということになる。その意味で、外交は依然として厄災に対する最初で最後の防衛線であり、それゆえに真剣に取り組むべき価値がある。だからこそ、歴史を通じて外交を研究することが重要なのである。

訳者解説

本書の原著者であるジョセフ・M・シラキューサ教授は、オーストラリア・メルボルンにあるロイヤルメルボルン工科大学（RMIT大学）で教鞭を執るかたわら、外交や国際関係に関するテーマで幅広く執筆してきた歴史家である。それとともに、メディアを通じて時事的な国際政治や安全保障をテーマにした解説や、コメンタリー的な活発な情報発信でもその名を知られる、二足の草鞋を履く国際政治学者でもある。そこで、以下に本書の参考文献リストとは別に、シラキューサ教授の代表的な著作（単著、共著）の一部を、本書との関連も踏まえて、まずは簡単にご紹介したい。

『アメリカ外交革命――冷戦のドキュメンタリー史 一九四一～一九四七年』（編著）
The American Diplomatic Revolution: A Documentary History of the Cold War, 1941-1947, Holt, Rinehart and Winston, 1975.

同書は冷戦初期のアメリカ外交史に関連する一次資料の包括的コレクションと位置づけられてい

る。なお、本書では米ソ冷戦に関する記述は少なかったが、それでもシラキューサ教授が長年にわたって、冷戦構造という重要な国際政治上の展開に心を割いてきたことがわかる著作だと言えよう。

『核軍拡競争の世界史――兵器、戦略、政治』（Richard Burns との共著）

A Global History of the Nuclear Arms Race: Weapons, Strategy, and Politics, Praeger Pub, 2013.

同書は核軍拡競争の歴史について、核兵器の開発、核戦略の変遷、核軍縮の取り組みにおける外交の役割など網羅的に考察したものである。具体的には、アメリカによる核の独占期、アメリカの核の優位性が確立された時期、超大国間での核戦力がパリティ（均衡）に達した時期、そしてポスト冷戦期という四つの時代区分のなかで、核軍拡競争がいかに起こったかを詳細に考察している。同書の興味深い試みとしては、主要な核大国のみならず、イスラエルやインド、パキスタン、そして北朝鮮の核抑止力の歴史的な展開についても頁を割いているほか、核兵器の国際管理を目指した歴史的な取り組みや、核不拡散レジームを支える外交上のアーキテクチャについても幅広く目配りされていることが挙げられよう。後述する『核兵器入門』でも言及するが、これこそシラキューサ教授のライフワークの一つとも呼べる、国際政治と核兵器を巡る重厚な研究成果の一つと言ってよいであろう。

『グローバル化に関するハンドブック』（Manfred Steger, Paul Battersby らとの共著）

The SAGE Handbook of Globalization, Sage Publications, 2014.

グローバル化をキーワードに、政治、社会、経済、技術、サバルタン（従属的・副次的存在）、グローバリゼーションの古今といったさまざまな切り口から解説したものである。言うまでもなく、本書の「第6章　グローバル化時代の外交」においても、こうした議論のエッセンスが盛り込まれていることがわかる。

『核兵器入門』（単著）

Nuclear Weapons: A Very Short Introduction, Oxford University Press, 2015.

核兵器の歴史と現状、国際関係への影響について簡潔に紹介したものである。シラキューサ教授の主たる関心領域の一つである核抑止や核外交、核拡散といったキーワードについて平易な文体でまとめられた同書だが、本書『外交史入門』においても、やはり「第5章 ジョージ・W・ブッシュとイラク戦争」および「第6章 グローバル化時代の外交」において、ボリュームは少ないながらも、濃厚にその議論が展開されており、現代国際政治を動かす重要なファクターの一つとして、シラキューサ教授がいかに核兵器をめぐる問題に注目してきたかがわかると言えよう。もちろん、この分野に関心のある読者は、ぜひ『核兵器入門』（栗田真広訳、創元社。近日刊行予定）も手に取られることをお勧めしたい。

『プレジデンシャル・ドクトリンズ――ジョージ・ワシントンからバラク・オバマまでの米国国家安全保障』（Aiden Warren との共著）

Presidential Doctrine: U.S. National Security from George Washington to Barack Obama, Rowman & Littlefield Publishers, 2016.

同書は、アメリカ歴代の主だった大統領による外交問題への基本指針（ドクトリン）を評価したものである。興味深い点としては、歴代大統領の多くのドクトリンで、国際秩序に対してアメリカの国益を最大化させるべく方向づけてきたことが示され、具体的には民主主義であるとか、開かれた自由なマーケットといった構図のもとに、封じ込めや介入、関与といった政策が語られてきたとされる。しかし、最も注目すべきは、今日のアメリカが直面するさまざまな外交上のジレンマは、長年の政策課題の継続であると論じた点であろう。これは、本書の「第4章　スターリンとチャーチルがヨーロッパを分断した夜」、「第5章 ジョージ・W・ブッシュとイラク戦争」そして「第6章　グローバル化時代の外交」において、端的に示された観点だと言ってよい。

冒頭でご紹介したように、シラキューサ教授はこれまで、オーストラリア放送協会（ABC）、アメリカCNN、アメリカMSNBC、イギリス放送協会（BBC）など複数の主要なメディアでコメンテーターやアナリストとして活躍している。その論点のカバレッジは広範に及ぶが、記録として辿れる範囲では、近年はアメリカの国内政治や安全保障政策、そして北朝鮮やイランの核問題を扱ったものが散見される。そしてこのことは、本書を通読された読者であれば、「第6章 グローバル化時代の外交」の端々において、現代国際政治に対する鋭い分析と、将来の展望に対する驚くべき考察から汲み取れるのではないであろうか。

さて、本書はオックスフォード大学出版会から刊行された『外交』の改訂第二版にあたる。前書の『外交』では、第5章としてオーストラリア・ニュージーランド・アメリカ間の太平洋安全保障条約（ANZUS条約）を論じていたが、本書ではこれを新たにジョージ・W・ブッシュとイラク戦争に関する新たな章へと置き換えている。前書の第5章では、ANZUS同盟締結に際したオーストラリアのハーバート・V・エバット外相の外交交渉への当時の国際政治界での厳しい評価とは裏腹に、シラキューサ教授は南太平洋でアメリカとの対等なパートナーシップを志したエバット外相の試みを再評価し、それが米側の意向と一致しなかった経緯について詳細にしたためており、これはこれで大変興味深い内容であった。

一方、改訂第二版に盛り込まれた「アメリカ外交の軍事化」の勝利と、「終わりなき戦争」の時代に関する新章は、国際原子力機関（IAEA）や国連監視検証査察委員会（UNMOVIC）によるイラクでの実地の検証活動と、その査察報告の内容を顧みることなく、通常の外交活動では決してなし得ない、軍事力の裏付けのもとでの体制転換を実現するべく、情報機関が作成したイラクの大量破壊兵器疑惑をもとに、国連安保理で声高にイラクの安保理決議違反を糾弾した経緯が仔細に論じられている。そして、最終的に国連からの警告のなか、アメリカ、イギリス、オーストラリア、ポーランドから成る連合軍がわずか一ヵ月間でサダム・フセインを打ち破るに至った。この事実は、やはり前書『外交』の第6章の内容とは大きく書き換えられた本書「第6章　グローバル化時代の外交」の末尾において、イギリスの外交官ジェレミー・グリーンストックの箴言《しんげん》（「人間とは本来、闘争を好む破壊的な種であり、だからこそ、あらゆる平和的な交流の機会を最大限に生かすべきである」

〔humans are by nature a contentious and destructive species, and so every opportunity for peaceful interaction ought to be maximized〕）とともに、シラキューサ教授による警鐘を込めた指摘（「外交と戦争は表裏一体」〔diplomacy and war remain two sides of the same coin〕）に重みを持たせるものであり、それゆえ「外交は厄災に対する最初で最後の防衛線」（diplomacy remains the first and last line of defence against disaster）であるからこそ、「歴史を通じて外交を研究することが重要だ」（It is why the study of diplomacy through history matters）との考えへと結実するのである。

もう一つ、改訂版である本書「第6章　グローバル化時代の外交」に盛り込まれた注目すべき論考として、今後考えられる五つの不測の事態（PPS2020）に対するシラキューサ教授の鋭い論評も白眉だと言えよう。とりわけ、二〇二二年に始まり、本書翻訳作業の時点でもその着地点が見出せていない、ロシアによるウクライナ侵攻を予見していたかの記述と解説には、その慧眼にただただ驚かされるばかりである。

このように、入門書という体裁をとりつつも、国際政治、とくに安全保障問題に長年取り組んできたシラキューサ教授ならではの歴史学的な視点のもとに、アメリカ独立革命から持続可能な開発目標（SDGs）、そして新型コロナウィルス（COVID-19）パンデミックまで周到に目配りされた本書は、外交の持つ歴史的価値を解き明かし、二〇三〇年代以降の外交と戦争を読み解くための羅針盤とも呼べる位置づけにあると言っても過言ではないであろう。多くの読者が本書を手にとり、その時その時の国際政治の潮流のなかで、過去を紐解き、現在を理解するためのものを見る「レンズ」として活用されることを翻訳者として祈るばかりである。

最後になるが、本書の翻訳にあたって、防衛研究所の石津朋之・戦史研究センター長（当時。現主任研究官）には戦争史を研究する者としての心構えや、国際安全保障史、外交史について多くのご薫陶を頂いた。また、創元社編集局第一編集部の堂本誠二氏には、翻訳作業に要する時間をご考慮いただくなど、温かいお心遣いや激励を頂いたことに加えて、校正段階で数多くの専門的なご指摘を頂戴した。この場をお借りして篤く御礼申し上げたい。もちろん、翻訳における日本語としての語句の選択は、翻訳者一人がその責を負うべきものである。

二〇二三年九月

一政祐行

ージ・W・ブッシュの国家安全保障問題担当大統領補佐官であったコンドリーザ・ライスの引用は、Condoleezza Rice, *No Higher Honor: A Memoir of my Years in Washington* (Random House, 2011)がある。アル・ゴア副大統領とジョージ・W・ブッシュ大統領候補の引用は、Richard Dean Burns, Joseph M. Siracusa, and Jason Flanagan, *American Foreign Relations since Independence* (Praeger, 2013) を参照した。

第6章　グローバル化時代の外交

最初に読むのに最適なのは、Manfred Steger, *Globalization: A Very Short Introduction* (4th edn, Oxford University Press, 2017) である。また、Manfred Steger, Paul Battersby, and Joseph M. Siracusa (eds), *The SAGE Handbook of Globalization*, 2 vols (SAGE, 2014) も有用である。

人間の安全保障の概念の出発点として、Battersby and Siracusa, *Globalization and Human Security*がある。批判的な視点としては、Giorgio Shani, Makoto Sato, and Mustapha Kamal Pasha (eds), *Protecting Human Security in a Post 9/11 World: Critical and Global Insights* (Palgrave Macmillan, 2007) を参照されたい。また、International Commission on Intervention and State Sovereignty, *The Responsibility to Protect* (International Development Research Center, 2001) およびAndrew Mack, *The Human Security Report 2005: War and Peace in the 21st Century* (Oxford University Press, 2005) も有用である。

冷戦の終結とその後の出来事についての評価は、Norman A. Graebner, Richard Dean Burns, and Joseph M. Siracusa, *Reagan, Bush, Gorbachev: Revisiting the End of the Cold War* (Praeger, 2008); Leffler and Legro (eds), *In Uncertain Times*; and Timothy Lynch, *In the Shadow of the Cold War: American Foreign Policy from George Bush Sr. to Donald Trump* (Cambridge University Press, 2019) がある。大国間競争の再燃に関する最良の入門書は、Matthew Kroenig, *The Return of Great Power Rivalry: Democracy Versus Autocracy from the Ancient World to the U.S. and China* (Oxford University Press, 2020) であろう。

スターンとグリーンストックの引用は、それぞれ、Nicholas Stern, *The Stern Review: The Economics of Climate Change* (HM Treasury, 2006) およびRichard Dean Burns and Joseph M. Siracusa, *International Diplomacy and the Pursuit of Global Security* (Regina Books, 2010) を参照した。

イギリス側については、Sir Llewellyn Woodard, *History of the Second World War: British Foreign Policy in the Second World War*, 5 vols (HMSO, 1970–6) および John Charmley, *Churchill's Grand Alliance: The Anglo-American Special Relationship, 1940–57* (Hodder and Stoughton, 1995) がある。なお、この時期の参考文献として欠かせないのは、*The Oxford Companion to the Second World War*, ed. I. C. B. Dear (Oxford University Press, 1995) である。

ウィンストン・チャーチルの回想は、chapter 15, 'October in Moscow' , in *The Second World War*, vol. 6, *Triumph and Tragedy* (Houghton Mifflin, 1953) に詳しい。また、*The Diaries of Sir Alexander Cadogan, 1939–45*, ed. David Dilks (Cassell, 1971); Anthony Eden, *The Memoirs of Anthony Eden, Earl of Avon: The Reckoning* (Houghton Mifflin, 1965); W. Averell Harriman and Elie Abel, *Special Envoy to Churchill and Stalin, 1941–1946* (Random House, 1975); R. E. Sherwood, *Roosevelt and Hopkins: An Intimate History* (Putnam' s, 1977); Charles E. Bohlen, *Witness to History, 1929–1969* (Norton, 1973); George F. Kennan, *Memoirs, 1925–1963* (Little, Brown, 1967) も大変参考になる。

第5章　ジョージ・W・ブッシュとイラク戦争

まずはじめに、Kenneth M. Pollack, *The Threatening Storm: The Case for Invading Iraq* (Random House, 2002); Richard N. Haass, *War of Necessity, War of Choice: A Memoir of Two Iraq Wars* (Simon & Schuster, 2009); James Mann, *Rise of the Vulcans: The History of Bush' s War Cabinet* (Viking, 2004) から読みはじめることを勧める。第二次湾岸戦争の国連側の事情については、Hans Blix, *Disarming Iraq: The Search for Weapons of Mass Destruction* (Bloomsbury, 2005); Mohamed El-Baradei, *The Age of Deception: Nuclear Diplomacy in Treacherous Times* (Bloomsbury, 2011); Alexander Thompson, *Channels of Power: The UN Security Council and U.S. Statecraft* (Cornell University Press, 2009) を参照されたい。フィリップ・ゼリコウの見解と米国の世論は、それぞれ以下に詳しい。Philip Zelikow, 'US Strategic Planning in 2001–2002' , in Melvyn Leffler and Jeffrey W. Legro (eds), *In Uncertain Times: American Foreign Policy after the Berlin Wall and 9/11* (Cornell University Press, 2011) および、Oli R. Holsti, *American Public Opinion on the Iraq War* (University of Michigan Press, 2011). 英国首相の発言の引用は、Tony Blair, *A Journey* (Knopf, 2010)、そしてジョ

較研究である。

ヴェルサイユ条約の経過と結果をめぐる歴史的議論については、Manfred F. Boemeke, Gerald D. Feldman, and Elisabeth Glaser (eds), *The Treaty of Versailles: A Reassessment after 75 Years* (Cambridge University Press, 1998) を参照されたい。本章のデイヴィッド・ロイド・ジョージ、ウィンストン・チャーチル、ジョン・メイナード・ケインズの引用は、それぞれDavid Lloyd George, *British War Aims* (George H. Doran, 1917) および、*War Memoirs* (Little Brown, 1932–7); Winston Churchill, *The World Crisis* (Butterworth, 1923–31), vol. 5; そしてJohn Maynard Keynes, *The Economic Consequences of the Peace* (Harcourt, Brace and Howe, 1920) を参照した。

第4章　スターリンとチャーチルがヨーロッパを分割した夜

何よりも先に、John Lukacsに敬意を表したい。彼の'The Night Stalin and Churchill Divided Europe' (The New York Times Magazine, 5 October 1969, 37–50) は、私の研究を含む一世代の学問に刺激を与えた。Joseph M. Siracusa, *Into Dark House: American Diplomacy and the Ideological Origins of the Cold War* (Regina Books, 1998); 'The Night Stalin and Churchill Divided Europe: The View from Washington', *Review of Politics* 3 (Fall 1981), 381–409; 'The Meaning of TOLSTOY: Churchill, Stalin, and the Balkans, Moscow, October 1944' , *Diplomatic History*, 3 (Fall 1979), 443–63は公文書館にあるこの会談の資料について論じたものである。また、Albert Resis, 'The Churchill-Stalin Secret "Percentages" Agreement on the Balkans, Moscow, October 1944' , *American Historical Review*, 85 (1981), 368–87, そして 'Spheres of Influence in Soviet Diplomacy' , *Journal of Modern History*, 53 (1981), 417–39; Vojtech Mastny, *Russia's Road to the Cold War: Diplomacy, Warfare, and the Politics of Communism, 1941–1945* (Columbia University Press, 1979) も有用である。

戦時中に関する概説書としては、Norman A. Graebner, Richard Dean Burns, and Joseph M. Siracusa, *America and the Cold War, 1941–1991: A Realist Interpretation*, 2 vols (Praeger Security International, 2010) の第１巻を薦める。このほか、Gerhard L. Weinberg, *A World at Arms: A Global History of World War II* (Cambridge University Press, 1994); Herbert Feis, *Churchill, Roosevelt, Stalin: The War They Waged and the Peace They Sought* (Princeton University Press, 1957) などもある。

1999); James Joll, *Europe since 1870*, 4th edn (Penguin, 1990) がある。19世紀の外交については、Christopher J. Bartlett, *Peace, War and the European Powers, 1814–1914* (Palgrave Macmillan, 1996); F. R. Bridge and Roger Bullen, *The Great Powers and the European States System, 1815–1914* (Longman, 1980) がある。一次資料へのアクセスには、Ralph R. Menning (ed.), *The Art of the Possible: Documents on Great Power Diplomacy, 1814–1914* (McGraw-Hill, 1996) が有用である。

ビスマルクの同盟体制の崩壊については、Richard Langhorne, *The Collapse of the Concert of Europe: International Politics, 1890–1914* (Palgrave Macmillan, 1981); William L. Langer, *The Franco-Russian Alliance, 1890–1894* (Harvard University Press, 1929); *The Diplomacy of Imperialism*, 2nd edn (Knopf, 1968); George F. Kennan, *The Decline of Bismarck's European Order: Franco-Russian Relations, 1875–1890* (Princeton University Press, 1979) などがある。

James Joll and Gordon Martel, *The Origins of the First World War, 3rd edn* (Oxford University Press, 2006) および、Christopher Clark, *The Sleepwalkers: How Europe Went to War in 1914* (Penguin, 2013) の2冊は、このテーマについて書かれた史上最高の本である。また、第一次世界大戦における軍事史の最高峰はB. H. Liddell Hart, *History of the First World War* (Weidenfeld and Nicolson, 1970) である。陸上での損害については、Alan Kramer, *Dynamic of Destruction: Culture and Mass Killing in the First World War* (Oxford University Press, 2007); Alexander Watson, *Enduring the Great War: Combat, Morale and Collapse in the German and British Armies, 1914–1918* (Cambridge University Press, 2008) を参照されたい。

米国の参戦とその後のヴェルサイユ条約への拒絶については、Thomas J. Knock, *To End All Wars: Woodrow Wilson and the Quest for a New World Order* (Princeton University Press, 1995); Daniel M. Smith, *The Great Departure: World States and World War I, 1914–1920* (Wiley, 1965); Arthur S. Link, *Wilson, the Diplomatist* (Johns Hopkins University Press, 1957) がある。

ドイツの「9月計画」については、Fritz Fischer, *Germany's War Aims in the First World War* (Norton, 1967) を参照のこと。Fischer は戦争の責任は全面的にベルリンに帰するとしている。Jay Winter and Antoine Prost, *The Great War in History: Debates and Controversies, 1914 to the Present* (Cambridge University Press, 2006) はフランス、イギリス、ドイツの学者によって書かれた第一次世界大戦に関する多数の書籍を分析し、時代によるテーマや手法のパターンを示した重要な比

ギリスの軍事目標とその成功については、Piers Mackesy, *The War for America, 1775–1783* (University of Nebraska Press, 1993) がある。William C. Stinchcombe, *The American Revolution and the French Alliance* (Syracuse University Press, 1969) は、アメリカ国内におけるフランスとの同盟に対する反応を分析し、植民地時代のアメリカ人が従来の反フランス、反カトリック的信念を捨てて、この同盟を成功させたという主張をしている。国内外の要因や影響については、Richard W. Van Alstyne, *Empire and Independence: The International History of the American Revolution* (John Wiley, 1965) を参照されたい。

ベンジャミン・フランクリンは、アメリカ独立革命の最も重要な外交官であり、そのため多くの学者の注目を集めている。フランクリンとその時代に関する最も優れた研究は、Claude A. Lopez and Eugenia W. Herbert, *The Private Franklin: The Man and his Family* (Norton, 1975); Gerald Stourzh, *Benjamin Franklin and American Foreign Policy* (University of Chicago Press, 1954); Carl Van Doren, *Benjamin Franklin* (Viking, 1938) などが挙げられる。

ヘンリー・ローレンス、ジョン・アダムス、ベンジャミン・フランクリン、とくに1782年にイギリスとの和平交渉を行ったジョン・ジェイについては、Richard B. Morris, *The Peacemakers: The Greatowers and American Independence* (Harper and Row, 1965) が標準的な解説である。また、Lawrence S. Kaplan, 'The Treaty of Paris 1783: A Historiographical Challenge', *International History Review*, 5 (August 1983), 431–42; and Ronald Hoffman and Peter J. Albert (eds), *Peace and Peacemakers: The Treaty of 1783* (University of Virginia Press for the United States Capitol Historical Society, 1986) には貴重な示唆がある。1778年の平和委員会に対する勅令は、S. E. Morison (ed.), *Sources and Documents Illustrating the American Revolution, 1764–1788* (The Clarendon Press, 1923) に掲載されており、大変便利である。

第3章　第一次世界大戦とヴェルサイユの外交的起源

本章で扱うヨーロッパ史の一般的な入門書には、Norman Rich, *Great Power Diplomacy, 1814–1914* (McGraw-Hill, 1992); A. J. P. Taylor, *The Struggle for Mastery in Europe, 1848–1918* (Oxford University Press, 1954); Christopher J. Bartlett, *The Global Conflict: The International Rivalry of the Great Powers, 1880–1990* (Longman, 1994); Norman Stone, *Europe Transformed, 1878–1919* (Oxford University Press,

は *Return to Nations: UN Diplomacy in Regional Conflicts* (Palgrave Macmillan, 1991) のなかで多くを語っている。市民社会における新興の外交については、Paul Battersby and Joseph M. Siracusa, *Globalization and Human Security* (Rowman and Littlefield, 2009) を参照のこと。パブリック・ディプロマシーに関しては、Charles Wolf, Jr. and Brian Rosen, *Public Diplomacy: How To Think About It and Improve It* (RAND, 2004) から引用した。また、Holsti, *Taming the Sovereigns* も有用である。

条約の歴史と意義については、Mario Toscano, *The History of Treaties and International Politics* (Johns Hopkins University Press, 1966); Eileen Denza, *Diplomatic Law*, 3rd edn (Oxford University Press, 2008); Joseph M. Siracusa, 'Treaties' , in Nigel Young (ed.), *The Oxford International Encyclopedia of Peace*, 4 vols (Oxford University Press, 2010) を参照されたい。

第2章　アメリカ独立革命の外交

アメリカ独立革命の外交について最もよくまとめられているのは、Samuel Flagg Bemis, *The Diplomacy of the American Revolution* (D. Appleton-Century, 1935) である。Bemisは公文書を巧みに利用し、腐敗したヨーロッパに対処する無垢なアメリカというWhigの解釈を提示した。この解釈には異論もあるが、こうした網羅的で詳細な分析には至っていない。Bemisを支持するものとして、Norman A. Graebner, Richard Dean Burns, and Joseph M. Siracusa, *Foreign Affairs and the Founding Fathers, from the Confederation to Constitution, 1776–1787* (Praeger, 2011) がある。また、Jonathan R. Dull, *A Diplomatic History of the American Revolution* (Yale University Press, 1985); Reginald Horsman, *The Diplomacy of the New Republic* (Harlan Davidson, 1985) も参考になるだろう。

Arthur M. Schlesinger の *The Colonial Merchants and the American Revolution, 1763–1776* (Longmans, 1918) は、アメリカ独立の起源に関する画期的な研究で、1776年まで議会と植民地の過激な措置を阻止するために商人が果たした役割を示している。

1773年から1775年にかけてのイギリス公使級の政治とアメリカ問題についての最良の一般的な説明は、Bernard Donoghue, *British Politics and the American Revolution, the Path to War, 1773–75* (Macmillan, 1964) に見ることができる。イ

参考文献・資料

はしがき

外交の起源に関するDavid Reynoldsの考察は、*Summits: Six Meetings That Shaped the Twentieth Century* (Basic Books, 2007) にある。Nicolson, Catlin, Toynbee, Kissingerの引用については、それぞれ、以下の本を参照されたい。K. J. Holsti, *Taming Sovereigns: Institutional Change in International Politics* (Cambridge University Press, 2004); Joseph M. Siracusa, *Diplomacy: A Very Short Introduction* (Oxford University Press, 2010); Daniel M. Smith and Joseph M. Siracusa, *The Testing of America, 1914–1945* (Forum Press, 1979); Henry Kissinger, *Diplomacy* (Simon and Schuster, 1994)。

第1章　外交の進化

まず最初に、Harold Nicolsonの外交史の古典的研究である*Diplomacy* (Harcourt Brace, 1939) をご覧頂きたい。これをHenry Kissingerの素晴らしい外交史研究である*Diplomacy* (Simon and Schuster, 1994) と混同してはならない。この本は範囲、意図、考え方においてまったく異なるものだとKissingerは断言している。なくてはならないのは、1919年までの外交の進化に関するM. S. Andersonの論考*The Rise of Modern Diplomacy, 1450–1919* (Longman, 1993) である。外交の歴史に関しては、G. R. Berridge, *Diplomacy: Theory and Practice*, 5th edn (Palgrave Macmillan, 2015); Keith Hamilton and Richard Langhorne, *The Practice of Diplomacy: Its Evolution, Theory and Administration*, 2nd edn (Routledge, 2010); そして Adam Watson, *Diplomacy: Dialogue between States* (Routledge, 1982) などがある。伝統的な外交サービスの文化に対する批判は、Shaun Riordan, *The New Diplomacy* (Polity Press, 2002) を参照されたい。

外交官が国家機関を代表して、国際社会に秩序をもたらすための複雑な事実関係をどのように表現しているかについては、Paul Sharp and Geoffrey Wiseman (eds), *The Diplomatic Corps as an Institution of International Society* (Palgrave Macmillan, 2008) に詳しい。外交史の第一人者であるG. R. Berridge

ま行

や行

ら・わ行

は行

な行

か行

索　引

●著者

ジョセフ・M・シラキューサ（Joseph M Siracusa）

ロイヤルメルボルン工科大学（RMIT大学）教授。核兵器の問題を含む冷戦史や米外交史に関する研究で著名。著書：*America and the Cold War, 1941-1991: A Realist Interpretation*, 2 volumes (Praeger, 2010), *A Global History of the Nuclear Arms Race*, 2 volumes (Praeger, 2013); *Nuclear Weapons: A Very Short Introduction* (Oxford University Press, 2020) ほか多数。

●訳者

一政祐行（いちまさ・すけゆき）

防衛研究所政策研究部サイバー安全保障研究室長。国際基督教大学教養学部国際関係学科卒業、大阪大学大学院国際公共政策研究科博士課程修了。博士（国際公共政策、2007年）。日本国際問題研究所軍縮・不拡散促進センター研究員等を経て現職。平和・安全保障研究所（RIPS）安全保障研究・奨学プログラム14期フェロー、ケンブリッジ大学政治国際関係学部客員研究員を歴任。著書：『検証可能な朝鮮半島非核化は実現できるか』（信山社、2020年）、『核実験禁止の研究――核実験の戦略的含意と国際規範』（信山社、2018年。2019年度国際安全保障学会・第31回最優秀出版奨励賞〔佐伯喜一賞〕受賞）ほか。

●シリーズ監修

石津朋之（いしづ・ともゆき）

防衛省防衛研究所戦史研究センター主任研究官。著書・訳書：『戦争学原論』（筑摩書房）、『大戦略の哲人たち』（日本経済新聞出版社）、『リデルハートとリベラルな戦争観』（中央公論新社）、『クラウゼヴィッツと「戦争論」』（共編著、彩流社）、『戦略論』（監訳、勁草書房）など多数。

シリーズ戦争学入門

外交史入門《がいこうしにゅうもん》

2023年10月20日　第1版第1刷発行

著　者……………………………………………………………
ジョセフ・M・シラキューサ
訳　者……………………………………………………………
一　政　祐　行
発行者……………………………………………………………
矢　部　敬　一
発行所……………………………………………………………
株式会社 創　元　社
〈ホームページ〉https://www.sogensha.co.jp/
〈本社〉〒541-0047 大阪市中央区淡路町4-3-6
Tel.06-6231-9010㈹
〈東京支店〉〒101-0051 東京都千代田区神田神保町1-2 田辺ビル
Tel.03-6811-0662㈹
印刷所……………………………………………………………
株式会社 太洋社

©2023 Printed in Japan
978-4-422-30087-0 C0331

本書を無断で複写・複製することを禁じます。
乱丁・落丁本はお取り替えいたします。
定価はカバーに表示してあります。

JCOPY 〈出版者著作権管理機構 委託出版物〉

本書の無断複製は著作権法上での例外を除き禁じられています。
複製される場合は、そのつど事前に、出版者著作権管理機構
（電話03-5244-5088、FAX 03-5244-5089、e-mail: info@jcopy.or.jp）
の許諾を得てください。